WALTER LORD / DIE LETZTE NACHT DER TITANIC

WALTER LORD

DIE LETZTE NACHT DER TITANIC

VERLEGT BEI
KAISER

Titel des Originals: „A night to Remember“
Einzig berechtigte Übertragung aus dem Amerikanischen
von Erwin Duncker

Berechtigte Ausgabe für den Neuen Kaiser Verlag – Gesellschaft m.b.H.,
Klagenfurt
mit Genehmigung des Scherz Verlages, Bern und München

Neuauflage: 1999
Schutzumschlag: Volkmar Reiter
Reproduktion: Schlick KG, Graz
Schrift: 10 Punkt Garamond
Druck und Bindearbeit: Gorenjski Tisk, Kranj – Slowenien

VORWORT

Im Jahre 1898 erfand ein wenig bekannter Autor namens Morgan Robertson einen Roman über einen Transatlantikdampfer von sagenhaften Dimensionen, weit größer als alles, was je vom Stapel gelaufen war. Robertson belud sein Schiff mit reichen und selbstgefälligen Leuten und ließ es dann in einer kalten Aprilnacht einen Eisberg rammen und untergehen. Er sah darin ein sehr schönes Symbol für die Vergeblichkeit allen menschlichen Strebens, und so erhielt das Buch den Titel „Futility" (Vergeblichkeit), als es in jenem Jahr vom Verlag M. F. Mansfield herausgebracht wurde.

Vierzehn Jahre später baute eine britische Reederei, die White Star Line, einen Dampfer, der dem Schiff in Robertsons Roman in auffälliger Weise ähnelte. Der neue Dampfer hatte 66.000 t Wasserverdrängung, der Robertsons hatte 70.000. Das wirkliche Schiff war 269,16 Meter lang; das Romanschiff 244. Beide Fahrzeuge waren Dreischraubendampfer und erreichten eine Geschwindigkeit von 24 bis 25 Knoten. Beide konnten etwa 3000 Menschen aufnehmen, und beide hatten nur für einen Bruchteil davon Rettungsboote an Bord. Aber das schien völlig unwichtig zu sein, denn beide galten als „unsinkbar".

Am 10. April 1912 lief das wirkliche Schiff von Southampton zu seiner Jungfernreise nach New York aus. Zu seiner Ladung gehörten ein unschätzbar wertvolles Exemplar des Rubayyat des Omar Khayyam und eine Passagierliste mit Namen, die zusammen für etwa 250,000.000 Dollar gut waren. Auf der Überfahrt rammte es einen Eisberg und ging in einer kalten Aprilnacht unter.

Robertson hatte sein Schiff *Titan* genannt, die White Star Line nannte ihr Schiff *Titanic.* In diesem Buch soll die Geschichte ihrer letzten Nacht erzählt werden.

„EIN ABSTECHER NACH BELFAST"

Hoch oben vom Krähennest des neuen White-Star-Dampfers *Titanic* starrte der Ausguck Frederick Fleet in die schimmernde Nacht. Es war ruhig, klar und bitter kalt. Es war eine mondlose Nacht, aber keine Wolke schob sich vor die glitzernden Sterne. Der Atlantik glich einer polierten Glasplatte; später sagten mehrere Leute, sie hätten ihn noch nie so glatt gesehen.

Es war die fünfte Nacht der Jungfernfahrt der *Titanic* nach New York, und schon bestand kein Zweifel mehr, daß sie nicht nur das größte, sondern auch das prächtigste Schiff der Welt war. Hier waren sogar die Hunde der Passagiere luxuriös. John Jacob Astor hatte seinen Airedale Kitty mitgenommen, Henry Sleeper Harper, aus der Verlegerfamilie, hatte seinen ungezählte Male preisgekrönten Pekinesen Sun Yat-sen bei sich. Robert W. Daniel, der Bankier aus Philadelphia, nahm eine preisgekrönte französische Bulldogge, die er in England erworben hatte, mit nach Hause. Clarence Moore aus Washington hatte ebenfalls Hunde gekauft, aber seine 50 Paar englischer Foxhounds, die er für die Jagd von Loudoun erworben hatte, waren nicht an Bord.

Das alles gehörte für Frederick Fleet zu einer anderen Welt. Er war einer der sechs Ausguckposten der *Titanic,* und wer auf Ausguck ist, grübelt nicht über die Sorgen der Passagiere nach. Er und seine fünf Kollegen waren die „Augen des Schiffes“, und gerade in dieser Nacht war Fleet befohlen worden, besonders auf Eisberge zu achten.

Gut und schön. Wache angetreten um 22.00 Uhr ... ein paar Worte über die Eiswarnung mit Ausguck Reginald Lee, der dieselbe Wache ging ... noch ein paar Worte über die Kälte ... aber im übrigen schwiegen die beiden Männer und starrten in die Dunkelheit.

Jetzt war die Wache fast vorüber, und bisher war nichts Ungewöhnliches passiert. Nacht, Sterne, schneidende Kälte, der Wind, der in der Takelage pfiff, während die *Titanic* mit 22,5 Knoten über die ruhige, schwarze See dahinjagte. Es war fast 23.40 Uhr am Sonntag, dem 14. April 1912.

Plötzlich sah Fleet hart voraus irgend etwas, das noch dunkler war als die Dunkelheit. Anfangs war es klein (ungefähr so groß wie zwei zusammengestellte Tische, dachte er), aber von Sekunde zu Sekunde wurde es größer, kam es näher. Rasch schlug Fleet dreimal die Glocke im Krähennest an, das Zeichen für Gefahr voraus. Gleichzeitig hob er den Hörer des Telephons von der Gabel und rief die Brücke an.

„Was haben Sie gesehen? “ fragte eine ruhige Stimme am anderen Ende des Drahtes.

„Eisberg hart voraus“, erwiderte Fleet.

„Danke“, sagte die Stimme mit seltsam unbeteiligter Höflichkeit. Kein weiteres Wort fiel.

In den nächsten 37 Sekunden standen Fleet und Lee Seite an Seite und beobachteten das näherkommende Eis. Jetzt hatten sie es schon fast erreicht, und das Schiff änderte immer noch nicht seinen Kurs. Feucht und glitzernd ragte der Eisberg weit über das Vordeck hinaus, und beide Männer klammerten sich in Erwartung des Aufpralls fest. Dann begann wie durch ein Wunder der Bug nach backbord zu schwenken. In der letzten Sekunde kam der Vordersteven klar, und rasch glitt das Eis an Steuerbord vorbei. Fleet hatte das Gefühl, noch einmal um Haaresbreite davongekommen zu sein.

In diesem Augenblick ging Vollmatrose George Thomas Rowe Wache auf der Achterbrücke. Auch für ihn war es eine ereignislose Nacht gewesen – Meer, Sterne, schneidende Kälte, sonst nichts. Während er hin und her über das Deck stampfte, bemerkte er, was die Seeleute „Licht mit Schnurrbart" nennen – winzige Eissplitter in der Luft, fein wie Staub, die Myriaden leuchtender Farben ausstrahlten, wenn sich das Licht der Deckslampen in ihnen brach.

Dann spürte er plötzlich, wie eine merkwürdige Bewegung den gleichmäßigen Rhythmus der Maschinen störte. Es war fast so, als stieße das Schiff etwas unsanft gegen die Pier. Er sah nach vorn – rieb sich die Augen – starrte wieder. Ein Windjammer unter vollen Segeln schien an Steuerbord vorüberzugleiten. Dann wurde ihm klar, daß es ein Eisberg war, was da wie ein Turm, vielleicht dreißig Meter hoch, aus dem Wasser ragte. Im nächsten Augenblick war er irgendwo achteraus in der Dunkelheit verschwunden.

Unterdes saßen tief unten im Speisesaal Erster Klasse auf dem D-Deck vier andere Besatzungsmitglieder der

Titanic an einem der Tische. Der letzte Passagier hatte sich längst zurückgezogen, und jetzt war der große, weiße, im Stile Jakobs I. gehaltene Raum leer bis auf diese eine Gruppe. Es waren Speisesaalstewards, die sich dem altehrwürdigen Zeitvertreib aller wachfreien Stewards hingaben – sie hechelten ihre Passagiere durch.

Während sie sich unterhielten, drang von irgendwo tief aus dem Schiff ein undeutliches, schrammendes Knirschen zu ihnen. Es war nicht sehr stark und gar nicht laut, aber es genügte, um die Unterhaltung verstummen und die für das Frühstück am nächsten Morgen schon ausgelegten Bestecke erklirren zu lassen.

Steward James Johnson meinte genau zu wissen, was das war. Er kannte das, wenn ein Schiff sich leicht zu schütteln scheint, weil es ein Blatt der Schiffsschraube verloren hat, und er wußte, daß eine Panne dieser Art einen Abstecher zurück zur Werft Harland & Wolff in Belfast bedeutete – und das wiederum bedeutete eine Menge Freizeit, in der man die Gastlichkeit des Hafens auskosten konnte. Irgend jemand am Tisch pflichtete ihm bei und sang mit geübter Stewardsstimme aus: „Einen Abstecher nach Belfast, meine Herrschaften!“

In der Kombüse hinten am Heck formte Chefnachtbäcker Walter Belford die Brötchen für den nächsten Tag. (Die Ehre, kunstvolles Gebäck herzustellen, war der Tagschicht vorbehalten.) Als der Stoß kam, beeindruckte es Belford tiefer als den Steward Johnson – wohl deshalb, weil eine Platte mit Brötchen vom

Ofen fiel und die Brötchen wild über den Boden kugelten.

Auch die Passagiere in den Kabinen spürten den Stoß und versuchten, ihn mit irgendwelchen bekannten und vertrauten Erlebnissen in Verbindung zu bringen. Marguerite Frölicher, eine junge Schweizerin, die ihren Vater auf einer Geschäftsreise begleitete, fuhr hoch. Noch halb im Schlaf, fielen ihr nur die kleinen, weißen Fährboote von Zürich ein, die manchmal unsanft anlegen. Schlaftrunken sagte sie vor sich hin: „Wie komisch . . . wir legen an!“

Major Arthur Godfrey Peuchen, der gerade mit dem Auskleiden für die Nacht begonnen hatte, dachte, daß eine schwere Woge das Schiff getroffen haben müsse. Mrs. J. Stuart White saß auf der Bettkante und wollte gerade nach dem Schalter greifen, um das Licht zu löschen, als das Schiff über „tausend Murmeln“ zu rollen schien. Lady Cosmo Duff Gordon, die von dem Stoß erwachte, schien es, „als streiche ein Riesenfinger über die Flanke des Schiffes“. Mrs. John Jacob Astor dachte, in der Küche müsse ein Mißgeschick passiert sein.

Einigen erschien der Stoß stärker als anderen. Mrs. Albert Caldwell mußte an einen großen Hund denken, der ein Junges in der Schnauze hält und es kräftig durchschüttelt. Mrs. Walter B. Stephenson fiel der erste, unheilschwangere Stoß damals beim Erdbeben von San Francisco wieder ein, das sie miterlebt hatte – fand dann aber, dieser hier sei nicht so stark gewesen. Mrs. E. D. Appleton spürte kaum eine Erschütterung, aber sie bemerkte ein unangenehmes, reißendes Geräusch . . . so, als zerreiße jemand einen langen, langen Streifen Kaliko.

Das knirschende Scharren sagte dem Generaldirektor der White Star Line, J. Bruce Ismay, wesentlich mehr. In festlicher Stimmung war er zur ersten Reise der *Titanic* an Bord gekommen. In seiner luxuriösen Suite auf dem B-Deck fuhr er unsanft aus dem Schlaf auf – er war überzeugt, das Schiff müsse einen Zusammenstoß gehabt haben, aber womit, konnte er nicht sagen.

Einige Passagiere wußten das aber bereits. Mr. und Mrs. George A. Harder, ein junges Paar auf der Hochzeitsreise, unten in der Kabine E 50, waren noch wach, als sie einen dumpfen Schlag hörten. Sie spürten, wie das Schiff erzitterte, und sie hörten „so ein polterndes Geräusch" an der Schiffswand. Mr. Harder sprang aus dem Bett und lief zum Bullauge. Als er durch das Glasfenster hinausschaute, sah er eine Wand aus Eis vorübergleiten.

Das gleiche widerfuhr James B. McGough, einem Aufkäufer der Firma Gimbels aus Philadelphia, nur war sein Erlebnis noch um einiges beunruhigender. Sein Bullauge stand offen, und als der Eisberg vorüberschrammte, fielen Eisbrocken in die Kabine.

Wie Mr. McGough lagen die meisten Passagiere der *Titanic* schon im Bett, als der Stoß kam. In dieser ruhigen, kalten Sonntagnacht, so fanden sie, gab es keinen besseren Platz als die kuschelige, gemütliche Koje. Aber ein paar Nachtschwärmer waren doch noch auf. Wie gewöhnlich saßen die meisten von ihnen im Rauchsalon Erster Klasse auf dem A-Deck.

Und auch diesmal wieder war es eine bunt zusammengewürfelte Gruppe. An einem Tisch saßen Archie Butt, Militärberater des Präsidenten Taft, Clarence Moore, der reisende „Master of the Hounds“, Harry Widener, Sohn des Straßenbahnmagnaten von Philadelphia, und schließlich noch William Carter, ebenfalls Bahnbesitzer. Sie hatten ein kleines Dinner hinter sich, das Wideners Vater zu Ehren des Schiffskommandanten, Captain Edward J. Smith, gegeben hatte. Der Captain war früh aufgebrochen, die Damen hatte man zu Bett geschickt, und jetzt genossen die Herren noch eine letzte Zigarre, bevor auch sie zu Bett gingen. Die Unterhaltung wanderte von der Politik allmählich hinüber zu Clarence Moores Abenteuer in West Virginia, damals, als er dabei war, den alten, kriegerischen Bergsteiger Anse Hatfield aufzustöbern.

Tief vergraben in einem dicht dabei stehenden Ledersessel saß Spencer V. Silverthorne, ein junger Einkäufer für Nugents Warenhaus in St. Louis, und überflog einen neuen Bestseller, „The Virginian“. Nicht weit von ihm schlug sich Lucien P. Smith (ebenfalls aus Philadelphia) tapfer durch die sprachlichen Fährnisse einer Partie Bridge mit drei Franzosen.

An einem anderen Tisch vergnügten sich die jüngeren Leute mit einer ungleich lauteren Partie Bridge. Normalerweise bevorzugten sie das muntere Café Parisien gleich unter dem B-Deck, und auch heute abend waren sie anfangs dort gewesen. Aber es wurde so kalt, daß die jungen Damen gegen 23.30 Uhr zu Bett gingen und die Männer zum Rauchsalon hinaufschlenderten, um vor dem Schlafengehen noch einen Schluck zu trinken. Die meisten hielten sich an Highballs, nur Hugh Woolner, Sohn des englischen Bildhauers, trank einen heißen Whisky mit Wasser, und Leutnant Bacon Bjornstrom Steffanson, ein junger schwedischer Militärattaché auf dem Wege nach Washington, wählte eine heiße Limonade.

Irgend jemand hatte ein Spiel Karten bei sich, und während sie spielend und lachend dasaßen, kam plötzlich dieses knirschende Scharren. Kein großer Stoß, aber doch ausreichend, um sie erschreckt aufblicken zu lassen – Mr. Silverthorne richtet sich heute noch ganz unwillkürlich in seinem Stuhl auf, wenn er davon erzählt. Im Nu waren der Steward des Rauchsalons und Mr. Silverthorne auf den Beinen . . . sie liefen durch die hintere Tür hinaus . . . am Palmengarten vorbei . . . hinaus auf Deck. Sie kamen gerade noch rechtzeitig, um den Eisberg an Steuerbord entlangschaben zu sehen. Er war ein wenig höher als das Bootsdeck. Als er vorbeiglitt, sahen sie, wie kleine Eisbrocken absplitterten und ins Wasser prasselten. Im nächsten Augenblick war er achteraus in der Dunkelheit verschwunden.

Jetzt kamen auch andere aus dem Rauchsalon ins Freie. Als Hugh Woolner das Deck erreichte, hörte er, wie ein Mann rief: „Wir sind mit einem Eisberg zusammengestoßen – da ist er!"

Woolner starrte mit zusammengekniffenen Augen in die Nacht. Ungefähr 150 Meter achteraus konnte er einen Berg von Eis erkennen, der sich schwarz gegen den sternenbesetzten Himmel abhob. Dann verschwand er in der Dunkelheit.

Auch die Aufregung verschwand bald. Die *Titanic* erschien massiv und solide wie eh und je, und es war viel zu kalt, um noch länger draußen zu bleiben. Langsam schlenderte die kleine Gruppe wieder hinein. Woolner nahm seine Karten wieder auf, und die Partie Bridge ging weiter. Der letzte Mann, der hereinkam, meinte, als er die Tür zum Deck hinter sich zuschlug, daß die Maschinen stoppten.

Er hatte recht. Oben auf der Brücke hatte der Erste Offizier, William M. Murdoch, soeben den Griff des Maschinentelegraphen ganz herüber auf „Stop" gezogen. Murdoch führte in dieser Wache das Kommando auf der Brücke, und alles hing von ihm ab, als Fleet seine Warnung durchtelephoniert hatte. Eine spannungsgeladene Minute war seitdem verstrichen – Befehle an den Rudergast Hitchens, das Rad hart steuerbord zu nehmen ... ein Griff, der Maschinentelegraph war auf „Volle Kraft achteraus" gerissen ... ein harter Griff nach dem Schalter, der die wasserdichten Schotte schließt ... und dann 37 Sekunden atemlosen Wartens.

Jetzt war das Warten vorbei. Nur zu klar lag es auf der Hand, daß es zu spät war. Als das Knirschen erstarb, stürzte Captain Smith aus seiner Kabine neben dem Ruderhaus auf die Brücke. Dort wurden einige schnelle Worte gewechselt:

„Mr. Murdoch, was war das?"

„Ein Eisberg, Sir. Ich ging hart steuerbord, Maschinen volle Kraft achteraus. Ich wollte ihn hart backbord liegenlassen, aber wir waren schon zu dicht. Mehr konnte ich nicht tun."

„Schließen Sie die Schotte."

„Sind schon geschlossen."

Und sie waren geschlossen. Unten im Kesselraum Nr. 6 sprach Heizer Fred Barrett gerade mit dem Zweiten Ingenieurassistenten James Hesketh, als die Warnglocke schrillte und das rote Licht über dem wasserdichten Schott aufleuchtete, das zum Heck führte. Ein rascher Warnruf – ein ohrenbetäubendes Krachen –, und die ganze Steuerbordseite des Schiffes schien nachzugeben. In mächtiger Kaskade stürzte das Seewasser herein, wirbelte und strudelte um die Rohre und Ventile. Die beiden Männer sprangen durch das Schott, als es sich auch schon krachend hinter ihnen schloß.

Barrett fand es da, wo er jetzt war, im Kesselraum Nr. 5, fast ebenso schlimm. Der Riß reichte bis ungefähr einen halben Meter hinter das geschlossene Schott in Nr. 5 hinein, und ein dichter Strahl Seewasser ergoß sich durch das Leck. Ganz in der Nähe arbeitete sich Trimmer George Cavell aus einer Kohlenlawine frei, die sich durch den Stoß aus einem Bunker gelöst hatte. Ein anderer Heizer betrachtete mit Trauer in den Augen eine umgestürzte Schüssel Suppe, die er zum Wärmen auf einen Maschinenteil gesetzt hatte.

Es war trocken in den anderen Kesselräumen weiter achtern, aber auch dort war das Bild so ziemlich das gleiche – Männer rappelten sich auf, riefen sich etwas zu und fragten, was passiert sei. Es war schwer, sich Klarheit zu verschaffen. Bis zu diesem Augenblick war es

Die Olympic und die Titanic (rechts) in Belfast. Vermutlich das einzige Bild, das die beiden Schwesterschiffe zusammen zeigt. (Ralph Whitney Collection)

Kabine B 59 und B 60. Kein Innenarchitekt konnte die White Star Line davon abhalten, neben den Betten das übliche Netz zum Versorgen verschiedener Kleinigkeiten anzubringen. (Harland & Wolff)

auf der *Titanic* die reinste Vergnügungsfahrt gewesen. Ein neues Schiff auf der Jungfernreise, und alles blitzblank. Sie war, wie Heizer George Kemish sich noch heute erinnert, „ein feiner Kahn – etwas anderes als die alten Seelenverkäufer, die wir gewohnt waren, auf denen uns das Gedärm im Leibe durcheinandergeschüttelt wurde und wo wir in der blödsinnigen Hitze schmorten".

Die Heizer brauchten nur darauf zu achten, daß die Feuerlöcher voll waren, es war nicht nötig, mit Schlakkenkratzern, Pricken und Schüreisen in den Feuern herumzustochern. Und so ließen es die Männer in dieser Sonntagnacht ruhig angehen – sie saßen auf den Eimern und den eisernen Schubkarren der Trimmer herum, sie nutzten die Brise aus und warteten auf die Hundewache von 12 bis 4, die sie ablösen würde.

Dann kam der dumpfe Schlag . . . der knirschende, fetzende Lärm . . . die Machinentelegraphen schrillten wie wild . . . die Schotte krachten dicht. Die meisten der Männer konnten sich einfach nicht vorstellen, was das zu bedeuten haben mochte – mit Windeseile verbreitete sich das Gerücht, die *Titanic* sei kurz vor den Neufundlandbänken auf Grund gelaufen. Viele glaubten das immer noch, selbst dann noch, als ein Trimmer von oben heruntergerannt kam und schrie: „Gott verdamm mich! Wir haben einen Eisberg gerammt!"

Ungefähr zehn Meilen entfernt stand Dritter Offizier Charles Victor Groves auf der Brücke des Leyland-Dampfers *Californian,* auf der Reise von London nach Boston. Ein müder 6000-Tonner mit Platz für 47 Passagiere, im Augenblick waren jedoch keine an Bord. In dieser Sonntagnacht lag die *Californian* seit 22.30 Uhr gestoppt, völlig blockiert von Treibeis.

Gegen 23.10 Uhr bemerkte Groves die Lichter eines anderen Schiffes, das sich steuerbord aus östlicher Richtung mit hoher Fahrt näherte. Als es in der Ferne an der bewegungslosen *Californian* vorüberraste, zeigten grelle Deckslichter, daß es sich um einen großen Passagierdampfer handeln mußte. Gegen 23.30 Uhr klopfte Groves an die Tür des Kartenhauses und berichtete Captain Stanley Lord, was er beobachtet hatte. Lord schlug vor, mit dem anderen Schiff Verbindung durch Morselampen aufzunehmen. Groves traf die entsprechenden Vorbereitungen.

Dann sah er gegen 23.40 Uhr, wie das große Schiff plötzlich stoppte und die meisten Lichter löschte. Das überraschte Groves nicht sehr, denn er hatte einige Zeit auf den Fernostrouten verbracht, wo es üblich war, gegen Mitternacht die Deckslichter zu löschen und so den Passagieren nahezulegen, allmählich zu Bett zu gehen. Er kam nicht im entferntesten auf den Gedanken, daß die Lichter vielleicht noch brannten . . . daß es nur so schien, als würden sie gelöscht, weil das Schiff nicht mehr längsseits war, sondern scharf nach backbord abgedreht hatte.

„MAN SAGT, ES SEI EIN EISBERG, GNÄ' FRAU"

Beinahe so, als sei überhaupt nichts geschehen, nahm Ausguck Fleet seine Wache wieder auf, Mrs. Astor kuschelte sich in ihrem Bett zurecht, und Leutnant Steffanson widmete sich wieder seiner heißen Limonade.

Auf Bitten mehrerer Passagiere machte sich James Witter, Steward im Rauchsalon Zweiter Klasse, auf den Weg, um festzustellen, was es mit dem Scharren auf sich hatte. Aber die Kartenspieler an zwei Tischen blickten kaum auf. Normalerweise gestattete die White Star Line kein Kartenspiel am Sonntag, deshalb wollten die Passagiere heute abend die unverhoffte Großzügigkeit des Chefstewards gründlich ausnützen.

Niemand im Gesellschaftsraum Zweiter Klasse wollte irgend etwas von dem Bibliothekar. Also blieb er an seinem Tisch sitzen und zählte in aller Ruhe die Leihkarten des Tages durch.

Durch die langen weißen Gänge, die zu den Luxuskabinen führten, drang kein Laut außer dem Gemurmel der Leute, die in ihren Kabinen noch plauderten . . . das entfernte Geräusch einer ins Schloß fallenden Tür . . . gelegentlich das Klicken hoher Absätze, die es nicht eilig hatten – all die vertrauten Geräusche an Bord eines Passagierdampfers bei Nacht.

Alles schien völlig normal – und doch nicht ganz. In seiner Kabine auf dem B-Deck hatte der 17jährige Jack Thayer gerade seinem Vater und seiner Mutter, Mr. und Mrs. John B. Thayer aus Philadelphia, gute Nacht zugerufen. Die Thayers hatten benachbarte Luxuskabinen, ein Arrangement, das Mr. Thayers Position als Zweitem Vizepräsidenten der Pennsylvanischen Eisenbahnen angemessen war. Als der junge Jack dastand und seine Pyjamajacke zuknöpfte, hörte das gleichmäßige Summen des Luftzuges durch das halbgeöffnete Bullauge plötzlich auf.

Ein Deck tiefer saßen Mr. und Mrs. Henry B. Harris in ihrer Kabine und spielten eine Partie Canfield. Mr. Harris, Theater-Producer am Broadway, war hundemüde, und Mrs. Harris hatte sich gerade den Arm gebrochen. Ihre Unterhaltung war fast ganz versiegt, und ein bißchen gelangweilt beobachtete Mrs. Harris nun schon eine ganze Zeit ihre Kleider, wie sie auf den Bügeln infolge der vibrierenden Bewegung des Schiffes langsam hin- und herschwankten. Plötzlich bemerkte sie, daß die Kleider ganz still hingen.

Noch ein Deck tiefer lag Lawrence Beesley, ein junger Lehrer der naturwissenschaftlichen Fächer am Dulwich College, in seiner Koje Zweiter Klasse und las. Er fühlte sich angenehm eingelullt durch die leicht tanzende Bewegung seiner Matratze. Plötzlich war die Matratze still.

Das knarrende Holz, der ferne Rhythmus der Maschinen, das stetige, leise Rattern der Glaskuppeln über dem Foyer des A-Decks – alle diese vetrauten Schiffsgeräusche verstummten, als die *Titanic* Fahrt verlor und stoppte. Weit mehr als jeder Stoß berührte diese Stille die Passagiere.

Überall wurde nach den Stewards geläutet, aber es war schwer, etwas zu erfahren. „Warum haben wir gestoppt?“ fragte Lawrence Beesley einen vorübereilenden Steward. „Ich weiß nicht, Sir“, kam eine für diesen Augenblick typische Antwort, „aber ich glaube nicht, daß etwas Besonderes los ist.“

Mrs. Arthur Ryerson aus der Stahlfamilie erzielte bessere Resultate. „Man sagt, da sei ein Eisberg, gnä' Frau“, erklärte ihr Steward Bishop, „und wir haben gestoppt, um nicht mit ihm zusammenzustoßen.“ Während ihre französische Zofe Victorine aufgeregt im Hintergrund hin und her schwebte, überlegte Mrs. Ryerson, was am besten zu tun sei. Mr. Ryerson genoß gerade seinen ersten wirklichen Schlaf seit Beginn der Reise, und nur sehr ungern hätte sie ihn geweckt. Sie ging hinüber zu dem rechteckigen Fenster aus dickem Glas und schaute auf die See. Sie sah draußen nur eine ruhige, schöne Nacht und beschloß, ihren Mann schlafen zu lassen.

Andere aber wollten die Sache nicht einfach so auf sich beruhen lassen. Mit der rastlosen Neugier, die den Passagieren an Bord eines großen Schiffes zu eigen ist, begaben sie sich auf die Suche nach einer Erklärung für das Geschehene.

In der Kabine C 15 legte Oberst Archibald Gracie, ein Militärhistoriker aus Passion – eine Passion, die sich auf eine Ausbildung an der Militärakademie West Point und ein unabhängiges Privateinkommen stützte –, methodisch seine Unterwäsche an, dann lange Strümpfe, schließlich Schuhe, Hosen, ein Norfolk-Jackett. Ein wenig pustend und blubbernd begab er sich sodann hinauf zum Bootsdeck. Jack Thayer warf sich rasch einen Mantel über seinen Pyjama und zog los. Seinen Eltern rief er noch zu, er ginge, „um sich den Jux einmal anzusehen".

Aber an Deck war wenig Jux zu sehen, es fehlte auch jedes Anzeichen einer Gefahr. Die Neugierigen wanderten größtenteils ziellos umher oder standen an der Reling und starrten in die leere Nacht in der Hoffnung, irgendwo Aufschluß über die Ursache der Störung zu finden. Tot lag die *Titanic* im Wasser, drei ihrer vier riesigen Schornsteine bliesen Dampf ab mit einem Gebrüll, das die stille, sternenerleuchtete Nacht in Stücke zu reißen schien. Davon abgesehen war alles normal. Am achteren Ende des Bootsdecks schlenderte ein älteres Ehepaar Arm in Arm dahin, als bemerke es den fauchenden Dampf gar nicht und nicht die kleinen Gruppen der Passagiere, die hierhin und dorthin wanderten.

Es war so bitter kalt, und es gab so wenig zu sehen, daß die meisten Leute wieder hineingingen. Beim Eintritt in das großartige Foyer des A-Decks fanden sie andere, die auch aufgestanden waren, es jedoch vorzogen, drinnen in der Wärme zu bleiben.

Die Passagiere boten an diesem Abend ein ungewohntes Bild. Ihre Kleidung war eine seltsame Mischung aus Bademänteln, Abendanzügen, Pelzmänteln, Rollkragenpullovern. Und das Ganze vor dem nicht minder merkwürdig wirkenden Hintergrund des Foyers – oben die gewaltige Glaskuppel ... dann die seriöse Eichenholztäfelung der Wände ... die prunkvollen Balustraden mit den schmiedeeisernen Ornamenten ... und, auf das alles herabschauend, eine phantastische Wanduhr, geschmückt mit zwei Nymphen aus Bronze, die irgendwie die Krönung der Zeit durch Ehre und Ruhm symbolisierten.

„Ach, das wird ein paar Stunden dauern, und dann geht die Reise weiter", erklärte ein Steward vage dem Passagier Erster Klasse George Harder.

„Scheinen eine Schraube verloren zu haben, aber da haben wir wenigstens mehr Zeit für Bridge", rief Howard Case, der Londoner Direktor der Vacuum Oil, dem New Yorker Rechtsanwalt Fred Seward zu. Vielleicht hatte Mr. Case seine Theorie von Steward Johnson, der immer noch von einer kleinen Rast in Belfast träumte. Immerhin waren die meisten Passagiere inzwischen besser informiert worden.

„Nun", sagte Harvey Collyer zu seiner Frau, als er von einer Wanderung um das Deck in die Kabine zurückkehrte, „wir haben einen Eisberg gerammt – einen großen –, aber es besteht keine Gefahr. Ein Offizier hat es mir gesagt!" Die Collyers reisten Zweiter Klasse, und sie waren auf dem Wege von England zu einer Obstfarm, die sie in Fayette Valley im Staate Idaho gekauft hatten. Sie waren Neulinge auf dem Atlantik, und vielleicht hätte diese Nachricht Mrs. Collyer aus ihrer Ruhe aufgestört, aber das Abendessen war zu schwer gewesen. Also fragte sie ihren Mann nur, ob die anderen Angst zu haben schienen, und als er das verneinte, legte sie sich wohlig seufzend wieder in ihrer Koje zurecht.

John Jacob Astor schien ebenfalls nicht beunruhigt zu sein. Von seinem Erkundungsgang in die Luxuskabine zurückkehrend, erklärte er seiner Frau, daß das Schiff eine Kollision mit Eis gehabt habe, daß jedoch nichts Ernstes vorliege. Er war sehr ruhig, und Mrs. Astor war nicht im geringsten besorgt.

„Was sagen die Offiziere dazu? Was ist passiert?“ fragte William T. Stead, ein führender britischer Spiritist, Reformer, Evangelist und Verleger. Als berufsmäßiger Individualist schien er mit Absicht später als die anderen auf Deck gekommen zu sein.

„Eisberge“, erklärte kurz angebunden Frank Millet, ein bekannter amerikanischer Maler.

„Soso.“ Stead zuckte die Achseln. „Na, es wird schon nicht so schlimm sein. Ich gehe wieder in die Kabine und lese.“

Mr. und Mrs. Dickinson Bishop aus Dowagiac im Staate Michigan reagierten genauso. Als ein Decksteward ihnen versicherte: „Wir sind nur mit einem kleinen Eisbrocken zusammengestoßen und haben ihn jetzt hinter uns gelassen“, kehrten die Bishops in ihre Luxuskabine zurück und gingen wieder zu Bett. Mr. Bishop nahm sich ein Buch und begann zu lesen, aber bald wurde er durch ein Klopfen an der Tür gestört. Es war Mr. Albert A. Steward, ein lebhafter und unternehmungslustiger alter Herr, dem bedeutende Anteile am Zirkus Barnum & Bailey gehörten: „Kommen Sie doch mit 'raus! Ich an Ihrer Stelle würde mir den Spaß nicht entgehen lassen."

Auch andere Passagiere versprachen sich eine angenehm aufregende Unterhaltung von der Sache. Erster-Klasse-Passagier Peter Daly hörte, wie eine junge Dame zu einer anderen sagte: „Komm mit, wir sehen uns den Eisberg an – oder hast du vielleicht schon einmal einen Eisberg gesehen? "

Und im Rauchsalon Zweiter Klasse fragte jemand mit dröhnender Stimme, ob er ein bißchen Eis von dem Eisberg haben könne für seinen Highball.

Nun, das hätte er haben können. Als die *Titanic* an dem Eisberg entlangscheuerte, stürzten an Steuerbord genau gegenüber dem Fockmast mehrere Tonnen Eis auf das Deck nieder, und zwar war an dieser Stelle das Promenadendeck der Dritten Klasse. Zwischendeckspassagiere, die heraufgekommen waren, um zu sehen, was es Neues gäbe, hatten das Eis bald entdeckt. Von ihrem Kabinenfenster auf dem B-Deck sah Mrs. Natalie Wick, wie sie sich übermütig mit Eisstückchen bewarfen.

Dieses Eis wurde bald zu einer richtiggehenden Attraktion für Touristen. Major Arthur Godfrey Peuchen, ein Mann in den besten Jahren und Inhaber einer chemischen Fabrik in Toronto, nutzte die Gelegenheit, um sich endlich an einen berühmteren Landsmann heranzumachen, nämlich an Charles M. Hays, Präsident der Grand Trunk Railroad. „Mr. Hays!" rief er, „haben Sie schon das Eis gesehen? "

Als Mr. Hays verneinte, blieb Peuchen hart am Ball: „Wenn Sie es sehen möchten, geh' ich gern mit Ihnen 'rauf an Deck und zeig' es Ihnen." Und sie machten sich auf den langen Weg nach vorn aufs A-Deck und schauten hinab auf die Leute, die da unten ihren harmlosen Unfug mit dem Eis trieben.

Nicht lange blieb das Eis ein Monopol der Dritten Klasse. Oberst Gracie stand im Foyer des A-Decks, als ihm jemand mit dem Finger auf die Schulter tippte. Es war Clinch Smith, ein Mann der New Yorker Gesellschaft, der bereits für sich den Ruhm in Anspruch nehmen durfte, an Stanford Whites Tafel gesessen zu haben an jenem Abend, als Stanford White von Harry K. Thaw erschossen wurde. „Was meinen Sie", fragte Smith, „möchten Sie ein Souvenir haben, das sich daheim in New York sehen lassen kann?" Er öffnete seine zur Faust geballte Hand und zeigte ein kleines Stück Eis, flach wie eine Taschenuhr.

Die gleiche Sammlerleidenschaft regte sich auch in anderen. Vollmatrose John Poingdestre hob ein Eisstück auf und zeigte es in der Mannschaftsmesse. Ein Zwischendeckspassagier überreichte dem Vierten Offizier Boxhall ein Stück etwa von der Größe eines kleinen Waschbeckens. Schmierer Walter Hurst lag im Halbschlaf da, als sein Schwiegervater, der das Logis mit ihm teilte, hereinkam und einen Eisbrocken zu ihm auf die Koje warf. Ein Mann betrat das Stewardslogis, zeigte ein etwa tassengroßes Stück und sagte zu Steward F. Dent Ray: „Vorn liegt Eis tonnenweise!"

„Na und?" gähnte Ray, „das wird uns nicht viel

anhaben können." Und er drehte sich auf die andere Seite, um weiterzuschlafen.

Etwas neugieriger war Henry Samuel Etches, Steward in der Ersten Klasse und zur Zeit der Kollision wachfrei. Durch den Verbindungsgang auf dem E-Deck ging er nach vorn, um sich die Sache näher anzusehen. Da kam ihm ein Passagier der Dritten Klasse entgegen. Bevor Etches irgend etwas sagen konnte, warf der Passagier – als ob er ihn mit dem Beweis für irgendwas konfrontieren wolle – einen kleinen Eisblock auf das Deck und rief: „So, glauben Sie's *jetzt*? "

Bald traten noch viel beunruhigendere Anzeichen dafür auf, daß nicht alles so war, wie es sein sollte. Um 23.50 Uhr – zehn Minuten nach der Kollision – gab es in den ersten sechs der sechzehn wasserdichten Kammern der *Titanic* seltsame Dinge zu sehen und zu hören.

Lamoentrimmer Samuel Hemmings, der wachfrei in seiner Koje lag, hörte ein merkwürdiges Zischen, das aus der vordersten, dem Bug am nächsten gelegenen Kammer kam. Er sprang auf, lief nach vorn und entdeckte, daß das Geräusch von einem Luftstrom herrührte, der aus dem Ankerkettenraum kam. Tief unten drang Wasser ein, und zwar so rasch, daß die Luft komprimiert wurde und unter ungeheurem Druck entwich.

In der angrenzenden Kammer, in der sich Heizerlogis und Ladeluke Nr. 1 befanden, wachte Oberheizer Charles Hendricksen ebenfalls durch ein seltsames Geräusch auf. Aber hier war es keine Luft – hier war es Wasser. Als er die Wendeltreppe hinabschaute, die zu dem Gang zwischen Heizerlogis und Bunkern führte, sah er grünes Seewasser um den Fuß der gußeisernen Treppe wirbeln.

Zwischendeckspassagier Carl Johnson hatte ein noch unheimlicheres Erlebnis in der dritten Kammer. Hier befanden sich die billigsten Passagierräume – am tiefsten im Schiff und dem Bug am nächsten. Als Johnson aufstand, um nachzusehen, was die Unruhe draußen vor seiner Kabine zu bedeuten habe, sickerte Wasser durch die Türritze und bildete kleine Pfützen vor seinen Füßen. Johnson beschloß, sich anzuziehen, und als er damit fertig war, lief ihm das Wasser schon oben in seine Schuhe. Mit einem streng sachlichen, fast klinischen Interesse stellte er fest, daß es den Fußboden überall in gleicher Höhe bedeckte. Ganz in der Nähe wohnte Zwischendeckspassagier Daniel Buckley, der nicht so prompt reagierte. Als er endlich doch aufsprang, platschte er in fußgelenkhohes Wasser.

Fünf Postbeamte, die in der vierten Kammer arbeiteten, wurden noch viel nasser. Das Postamt der *Titanic* ging über zwei Decks – die Post wurde zusammen mit dem Erste-Klasse-Gepäck auf dem Orlop-Deck verwahrt und genau darüber auf dem G-Deck sortiert. Die beiden Etagen waren durch eine breite Eisentreppe miteinander verbunden, die weiter zum F- und den anderen Decks führte. Schon nach fünf Minuten standen die Postbeamten bis zu den Knien im Wasser, als sie 200 Säcke mit eingeschriebener Post aus dem Lagerraum schleiften und die Treppe hinauf in den trockenen Sortierraum schafften. Die Mühe hätten sie sich sparen können. Nach weiteren fünf Minuten hatte das Wasser den Kopf der Treppe erreicht und überspülte schon den Boden des G-Decks. Die Beamten ließen jetzt die Post endlich im Stich und flohen die Treppe weiter hinauf zum F-Deck.

Oben an der Treppe stand ein Ehepaar, das zu ihnen hinuntergeschaut hatte. Mr. und Mrs. Norman Campbell Chambers aus New York waren dem seltsamen Geräusch nachgegangen, als sie von einem ergebnislosen Erkundungsgang zum Promenadendeck in ihre Kabine zurückkehren wollten. Jetzt beobachteten die Chambers und die Postbeamten gemeinsam, was da unten vor sich ging, rissen Witze über das durchnäßte Gepäck und stellten Vermutungen darüber an, was wohl in den Briefen stünde, die da in dem verlassenen Postraum herumschwammen.

Dann und wann kamen andere, blieben einen Augenblick bei ihnen stehen, gingen dann weiter ... Vierter Offizier Boxhall ... Zweiter Hilfssteward Wheat ... einmal sogar Captain Smith. Aber keinen Augenblick lang glaubten die Chambers, daß alles das, was sie da sahen, wirklich gefährlich sein könne.

Die fünfte wasserdichte Kammer, vom Bug aus gesehen, enthielt den Kesselraum Nr. 6. Hier waren Heizer Barrett und Zweiter Ingenieurassistent Hesketh durch das wasserdichte Schott gesprungen, bevor es sich nach der Kollision schloß. Andere schafften es nicht mehr und kletterten die Rettungsleitern empor, die sich oben kreuz und quer dahinzogen. Ein paar blieben, und etwas später kamen einige andere wieder zurück.

Von irgendwoher kamen Rufe wie „Die Schieber

dicht!" und dann „Die Feuer löschen!". Heizer George Beauchamp arbeitete wie im Fieber, während die See durch das Bunkerschott hereinströmte und durch Ritzen der Bodenplatten kam. Schon nach fünf Minuten stand es hüfttief – schwarz und schleimig durch das Schmierfett von den Maschinen. Schwer stand der heiße Dampf in der Luft. Heizer Beauchamp konnte nicht sehen, wer die ersehnten Worte „Das genügt!" rief. Er war so erleichtert, daß er sich darüber keine Gedanken machte, als er hastig die Eisenleiter emporkletterte – zum letztenmal.

Im angrenzenden Kesselraum Nr. 5 mühte Zweiter Ingenieur-Assistent Hesketh, jetzt auf der trockenen Seite des Schotts, sich damit ab, die Kesselanlage wieder in den Normalzustand zu bringen. Immer noch ergoß sich Seewasser durch einen halbmeterlangen Riß neben dem geschlossenen Schott, aber die Ingenieurassistenten Harvey und Wilson hatten eine Pumpe angesetzt, die mehr Wasser schaffte als eindrang.

Eine Zeitlang standen die Heizer herum und sahen untätig zu, wie die Ingenieure die Pumpen in Gang setzten, dann kam vom Maschinenraum telephonisch der Befehl, sie sollten zum Bootsdeck gehen. Nacheinander kletterten sie die Leiter empor, aber die Brücke schickte sie wieder hinunter, und sie drängten und stießen sich in dem engen Verbindungsgang auf dem E-Deck – auf halbem Wege nach oben, auf halbem Wege nach unten, gefangen durch die Bürokratie eines riesigen Schiffes und unschlüssig, was jetzt zu tun sei.

Unterdes erloschen im Kesselraum Nr. 5 die Lichter.

Ingenieur Harvey befahl dem Heizer Barrett, der zurückgeblieben war, nach achtern zum Maschinenraum zu gehen und Laternen zu besorgen. Die Verbindungsschotte waren alle geschlossen, Barrett mußte also die Leiter ganz hinaufklettern, nach achtern gehen und auf der anderen Seite wieder hinunterklettern. Als er endlich wieder zurückkam, hatten die Ingenieure die Lichtanlage schon wieder in Ordnung gebracht, und die Laternen wurden nicht mehr gebraucht.

Jetzt wurde Barrett von Harvey beauftragt, die Kessel außer Betrieb zu setzen – der Druck, auf den die Kessel gebracht worden waren, als das Schiff mit Volldampf dahinbrauste, hob jetzt die Sicherheitsventile und sprengte Verbindungsstücke. Barrett kletterte hastig wieder die Leiter empor und griff sich 15 oder 20 von den Heizern, die ziellos auf dem E-Deck herumwanderten. Lärmend und polternd kletterten sie hinab und machten sich daran, die Feuer zu löschen. Es war eine höllische Arbeit an den Handrädern, den Schiebern und glühenden Feuerbuchsen. Heizer Kemish denkt noch heute mit Schaudern an diese endlosen Minuten: „Ein ganz verfluchter Job damals, die Feuer auszukriegen . . .“

Dampfwolken fetzten durch den Kesselraum, in dem die schweißüberströmten Männer schufteten. Aber allmählich kehrte die Ordnung zurück. Die Lichter brannten hell, die Pumpen hatten das eingedrungene Wasser geschluckt, und alles schien wieder in Ordnung zu sein – jedenfalls im Kesselraum Nr. 5. Es herrschte eine Stimmung ruhiger, fast fröhlicher Zuversicht, und als es von

Mund zu Mund ging, daß die Männer von der Hundewache, der Wache von 12 bis 4, ihre Betten auf das Sportdeck zerrten, weil ihre Kojen unter Wasser standen, da richteten sich die Männer von der 8-bis-12-Wache von ihrer Arbeit auf und hielten sich den Bauch vor Lachen. Sie hielten das für einen kapitalen Witz.

Oben auf der Brücke versuchte Captain Smith, sich ein Bild von der Gesamtlage zu machen. Niemand hatte bessere Möglichkeiten dazu als er. Nach 38 Dienstjahren bei der White Star Line war er mehr als nur der älteste Captain der Reederei; er war ein bärtiger Patriarch, von Passagieren und Mannschaft in gleicher Weise verehrt. Alles an ihm liebten sie – besonders seine wunderbare Art, Festigkeit mit Liebenswürdigkeit zu vereinen. Das wurde besonders deutlich in der Sache mit den Zigarren. „Zigarren", sagte seine Tochter, „waren seine ganze Leidenschaft. Wenn er rauchte, durfte man nur unter der Bedingung im Zimmer bleiben, daß man sich absolut ruhig verhielt, so ruhig, daß sich die blaue Wolke über seinem Kopf nicht bewegte."

Captain Smith war von Natur aus zum Führen anderer Menschen bestimmt. Als er nach der Kollision das Ruderhaus erreichte, blieb er nur so lange, wie er brauchte, um zum Steuerbordflügel hinunterzugehen und zu prüfen, ob der Eisberg noch in Sicht sei. Erster Offizier Murdoch und Vierter Offizier Boxhall gingen hinter ihm her, und einen Augenblick lang standen die drei Offiziere einfach nur da und starrten in die Dunkelheit. Boxhall glaubte, er sähe eine dunkle Silhouette weit achteraus, aber er war nicht ganz sicher.

Kapitän Edward J. Smith und Zahlmeister Herbert McElroy, aufgenommen, als die Titanic den Hafen von Queenstown anlief. (Exclusive News Agency, London)

Das Promenadendeck (Zweite Klasse) der Titanic, am 11. April in Queenstown aufgenommen. Die Boote links tragen die Nummern 10—16. (Illustrated London News)

Von diesem Augenblick an herrschte Tätigkeit. Captain Smith schickte Boxhall auf einen schnellen Inspektionsgang durchs Schiff. Nach wenigen Minuten schon kam er zurück; er war im Zwischendeck so weit wie möglich nach vorn gegangen, und nirgendwo gab es ein Anzeichen für ein Leck. Das war die letzte gute Nachricht, die Captain Smith in dieser Nacht hören sollte.

Immer noch besorgt, trug der Captain jetzt Boxhall auf: „Suchen Sie den Zimmermann, er soll die allgemeine Lage prüfen.“ Boxhall hatte noch nicht einmal die Brückentreppe verlassen, als er mit Zimmermann J. Hutchinson zusammenprallte, der außer Atem angelaufen kam. Hutchinson drängte sich ungestüm vorbei und keuchte: „Großes Leck! Das Wasser dringt sehr schnell ein!“

Hart auf den Fersen des Zimmermanns folgte Postangestellter Jago Smith. Auch er drängte sich gewaltsam bis zur Brücke vor und rief verstört: „Die Postluke steht unter Wasser! Es steigt schnell!“

Als nächster erschien Bruce Ismay. Er hatte einen Anzug über seinen Pyjama gezogen, war in die Hausschuhe geschlüpft und hatte sich dann auf den Weg zur Brücke gemacht, um festzustellen, ob da vielleicht irgend etwas los sei, was der Präsident der Reederei wissen müsse. Captain Smith berichtete ihm von dem Eisberg. Ismay fragte: „Glauben Sie, daß das Schiff ernsthaft beschädigt ist?“ Eine Pause trat ein. Langsam antwortete der Captain: „Ja, ich glaube das.“

Bald sollten sie Gewißheit haben. Thomas Andrews,

Generaldirektor der Werft Harland & Wolff, war herbeigebeten worden. Als Erbauer der *Titanic* machte Andrews die Jungfernreise mit, um etwaige technische Mängel des Schiffes festzustellen und zu beseitigen. Wenn überhaupt irgend jemand die Situation überschauen konnte, dann er.

Andrews war wirklich ein bemerkenswerter Mann. Als Erbauer kannte er natürlich jede Einzelheit der *Titanic*. Aber das war längst nicht alles. Nichts war zu groß oder zu klein für seine Aufmerksamkeit. Er schien sogar vorhersagen zu können, wie das Schiff in irgendeiner bestimmten Situation reagieren würde. Er hatte einen „Schiffsverstand", so wie manche Menschen einen Pferdeverstand haben sollen.

Und ebenso gut verstand er die Menschen, die mit Schiffen umgehen. Sie alle kamen zu Andrews mit ihren Sorgen. An einem Abend war es vielleicht Erster Offizier Murdoch, der Kummer hatte, weil man ihm in einer bestimmten Angelegenheit den Chief Officer Wilde vor die Nase gesetzt hatte. Am nächsten Abend kamen dann vielleicht zwei Stewardessen, die sich gezankt hatten und in Andrews so etwas wie einen Obersten Gerichtshof erblickten. Und an diesem Abend hatte ihm Chefbäcker Charles Joughin ein Brot nach einem Spezialrezept gebacken.

Bis jetzt war die Reise für Andrews genau das gewesen, was man in solchen Fällen erwartet. Den ganzen Tag wanderte er durch das Schiff und machte sich bändeweise Notizen. Jeden Abend um 18.45 Uhr zog er sich zum Dinner um. Für gewöhnlich speiste er mit dem alten Dr. O'Loughlin, dem Schiffsarzt, der ebenfalls mit den Stewardessen glänzend auskam. Dann wanderte er zurück zu seiner Luxuskabine A 36, in der sich Pläne und graphische Darstellungen und Blaupausen stapelten. Dort wertete er seine Notizen aus und formulierte seine Berichte und Empfehlungen.

Heute abend hatten sich seine Sorgen ganz im üblichen Rahmen gehalten – Störungen an der Heißpresse in der Restaurantkombüse . . . der Farbton des Kieselbelags auf den privaten Promenadendecks war zu dunkel . . . zu viele Schrauben an allen Kleiderhaken in den Luxuskabinen. Außerdem erwog man den Plan, einen Teil des Schreibsalons abzutrennen und zwei weitere Luxuskabinen einzurichten. Der Schreibsalon war ursprünglich auch als Raum gedacht, in den sich die Damen nach dem Dinner zurückziehen könnten. Aber schließlich schrieb man das zwanzigste Jahrhundert, und die Damen dachten nicht daran, sich zurückzuziehen. Es lag auf der Hand: Ein kleinerer Salon würde auch seinen Zweck erfüllen.

Völlig vertieft, bemerkte Andrews kaum das scharrende Geräusch, und er blickte von seinen Blaupausen erst auf, als ihm von Captain Smith ausgerichtet wurde, daß man ihn auf der Brücke benötige.

Wenige Minuten später befanden sich Andrews und der Captain auf ihrem eigenen Erkundungsgang – sie wählten den Mannschaftsniedergang, um möglichst wenig Aufsehen zu erregen . . . sie wanderten tief unten durch das Labyrinth der Gänge . . . vorbei an dem Wasser, das in den Postraum stürzte . . . vorbei an dem

Squash Court, wo das Wasser schon die Foul-Linie an der Wandtafel erreicht hatte.

Auf ihrem Weg zurück zur Brücke gingen sie durch das A-Deck-Foyer, in dem immer noch dichtgedrängt die Passagiere herumstanden. Alle versuchten, in den Gesichtern der beiden Männer Anzeichen für gute oder schlechte Nachrichten zu entdecken, aber niemand konnte sich einen Vers aus den unbewegten Mienen der beiden machen.

Einige Besatzungsmitglieder waren nicht so auf der Hut. Als Mrs. Henry Sleeper Harper in der Kabine D 60 Dr. O'Loughlin bat, er möge doch ihren kranken Mann überreden, im Bett zu bleiben, rief der alte Arzt aus: „Man sagt mir, die Koffer schwimmen in der Luke herum, es ist daher schon besser, Sie gehen an Deck!"

In C 15 saß eine junge Gouvernante namens Elizabeth Shutes zusammen mit ihrem Schützling, der 19jährigen Margaret Graham. Als sie einen Offizier an der Kabinentür vorübergehen sah, fragte Miß Shutes ihn, ob Gefahr bestünde. Er verneinte das und war scheinbar fröhlich und guter Dinge, aber dann hörte sie, wie er weiter unten im Gang sagte: „Eine Weile können wir das Wasser noch aussperren."

Miß Shutes sah zu Margaret hinüber, die voll Unruhe an einem Hühnersandwich kaute. Ihre Hand zitterte so sehr, daß immer wieder Hühnerfleisch zwischen den Brotschnitten herausfiel.

Auf dem Verbindungsgang im E-Deck stellte niemand Fragen. Dieser breite Gang war der kürzeste von einem Ende des Schiffes zum anderen – die Offiziere nannten ihn „Park Lane", die Mannschaft „Scotland Road". Jetzt drängten und schoben sich hier die Menschen. Einige Heizer waren darunter, die den Kesselraum Nr. 6 hatten verlassen müssen, meist aber waren es Zwischendeckspassagiere, die sich langsam nach achtern schoben. Sie trugen Schachteln, Taschen und sogar Koffer.

Diesen Leuten brauchte man nicht erst zu sagen, daß irgend etwas nicht in Ordnung sei. Wer seine Kabine da tief unten an der Steuerbordseite hatte, der hatte den Zusammenstoß nicht als „leises, mahlendes Scharren" gehört. Hier war es ein „ungeheures Getöse", das sie schleunigst aus den Betten aufgescheucht hatte.

Mrs. Celiney Yasbeck – seit genau 50 Tagen verheiratet – lief zusammen mit ihrem Mann auf den Gang hinaus. Anstatt die lange Reise zum Deck anzutreten, war es leichter, hier unten nach der Störung Umschau zu halten. In ihren Schlafanzügen wanderten sie bis zu einer Tür, die zu den Kesselräumen hinabführte, und lugten durch den Spalt. Die Maschinisten arbeiteten an schadhaften Maschinenteilen und setzten die Pumpen in Gang. Ein Blick genügte den Yasbecks. Sie stürzten in ihre Kabine zurück und zogen sich an.

Hoch über ihnen auf dem A-Deck bemerkte Zweiter-Klasse-Passagier Lawrence Beesley etwas Seltsames. Als er nach unten ging, um in seiner Kabine nach dem Rechten zu sehen, war er fest davon überzeugt, daß mit den Stufen „irgend etwas nicht ganz stimmt". Sie schienen ganz eben und gerade zu sein, und doch trafen seine Füße beim Hinabgehen nicht dorthin, wo sie hintreffen sollten. Der Fuß setzte zu weit vorn auf und gar nicht im Lot . . . es war, als sei die Treppe nach vorn hin zum Bug geneigt.

Auch Major Peuchen bemerkte das. Als er mit Mr. Hays am vorderen Ende des A-Decks stand und zu den Zwischendeckspassagieren hinabschaute, spürte er eine ganz leichte Neigung des Decks. „Aber wir haben ja Schlagseite!“ rief er Hays zu. „Das dürfte nicht sein! Die See ist ja völlig ruhig, und das Schiff liegt gestoppt da.“

„Ach, ich weiß nicht“, sagte Mr. Hays ganz ungerührt, „jedenfalls kann nichts und niemand dieses Schiff zum Sinken bringen.“ Auch anderen fiel die Neigung nach vorn und unten auf, aber es schien als taktlos zu gelten, die Sache auch nur zu erwähnen. Im Kesselraum Nr. 5 beschloß Heizer Barrett, den Maschinisten, die an den Pumpen arbeiteten, nichts davon zu sagen. Hoch oben im A-Deck-Foyer reagierten Oberst Gracie und Clinch Smith genauso. Auf der Brücke zeigten die Instrumente an, daß die *Titanic* leicht nach vorn geneigt sei und eine Steuerbordschlagseite von 5 Grad habe.

Ganz in der Nähe dieser Instrumente stellten Andrews und der Captain einige sehr rasche Berechnungen an. Wasser vorn in der Piek . . . in der Luke Nr. 1 . . . in der Luke Nr. 2 . . . im Postraum . . . im Kesselraum Nr. 6 . . . im Kesselraum Nr. 5. Wasser 4,20 Meter über Kielhöhe in den ersten zehn Minuten, und das überall mit Ausnahme des Kesselraums Nr. 5. Zusammengenommen ließen diese Tatsachen auf ein Leck von mindestens 90 Meter Länge schließen, und die ersten fünf wasserdichten Kammern waren hoffnungslos überflutet.

Was bedeutet das? Andrews erklärte es mit ruhiger Stimme. Die *Titanic* konnte sich über Wasser halten, wenn zwei von ihren 16 wasserdichten Kammern geflutet waren. Sie konnte sich über Wasser halten, wenn drei von den fünf ersten Kammern geflutet waren. Sie konnte sich sogar über Wasser halten, wenn die ersten vier Kammern ausfielen. Aber wie man es auch drehte und wendete, sie konnte nicht über Wasser bleiben, wenn die fünf ersten Kammern alle geflutet waren.

Die wasserdichte Trennwand zwischen der fünften und sechsten Kammer reichte nur bis zum E-Deck hinauf. Wenn die fünf ersten Kammern voll Wasser waren, mußte der Bug so tief sinken, daß das Wasser aus der fünften Kammer in die sechste überlief. Wenn die voll war, würde es überlaufen in die siebte und so weiter. Das Ganze war eine mathematische Tatsache, klar verständlich und simpel. Es gab keinen Ausweg.

Aber der Schock war tief und nachhaltig. Schließlich galt die *Titanic* als ein Schiff, das nicht sinken konnte, und das nicht etwa nur in den Reiseprospekten. Die Fachzeitschrift *Shipbuilder* beschrieb 1911 in einer Sondernummer ihr Kammernsystem und betonte: „Der Kapitän kann durch einfaches Betätigen eines elektrischen Schalters augenblicklich alle Schotte schließen und damit sein Schiff praktisch unsinkbar machen."

Jetzt waren alle Schalter betätigt, und Andrews stand da und sagte, das nütze gar nichts.

Dieser Tatsache ins Auge zu sehen, war schwer, und

besonders schwer war es für Captain Smith. Über 59 Jahre alt, wollte er nach dieser Reise in den Ruhestand treten. Er hätte es schon früher tun können, aber traditionsgemäß führte er alle White-Star-Schiffe auf ihrer Jungfernreise. Erst vor sechs Jahren, als er die nagelneue *Adriatic* über den Atlantik führte, hatte er erklärt:

„Ich kann mir keinen Umstand vorstellen, der ein solches Schiff scheitern lassen würde. Ich weiß nicht, welche vernichtende Katastrophe diesem Schiff widerfahren könnte. Der moderne Schiffsbau hat solche Möglichkeiten überwunden."

Jetzt stand er auf der Brücke eines Dampfers, der zweimal so groß war – zweimal so sicher –, und der Erbauer erklärte ihm, daß er sich nicht mehr über Wasser halten könne.

Um 0.05 Uhr – 25 Minuten nach jenem scharrenden, mahlenden Stoß – befahl Captain Smith dem Chief Officer Wilde, die Boote klarzumachen . . . dem Ersten Offizier Murdoch, die Passagiere zu sammeln . . . dem Sechsten Offizier Moody, die Liste der Bootswachen zu holen . . . dem Vierten Offizier Boxhall, den Zweiten Offizier Lightoller und den Dritten Offizier Pitman zu wecken. Der Captain selbst ging dann etwa 20 Meter weit an der Backbordseite des Bootsdecks entlang zur Funkerbude.

Drinnen gaben Erster Funker John George Phillips und Zweiter Funker Harold Bride durch kein Zeichen zu erkennen, daß ihnen bewußt sei, was vor sich ging. Es war ein harter Tag gewesen, denn im Jahre 1912 war die

Funkerei noch eine Neuigkeit voller Tücken. Die Reichweite war gering, die Funker hatten nur mangelhafte Erfahrung, die Funkzeichen waren nicht leicht aufzufangen und zu erkennen. Es gab viel Relaisarbeit, viele Wiederholungen und viel privaten Unfug aus Spaß an dem neuen Spielzeug. Die Passagiere zeigten sich fasziniert von dem technischen Wunder und konnten der Versuchung nicht widerstehen, ihren Freunden daheim oder auf anderen Schiffen schöne Grüße zu funken.

Diesen ganzen Sonntag über hatten sich die Funkspruchformulare nur so gestapelt. Es reichte wirklich aus, um einem Mann an die Nerven zu gehen, der einen Vierzehn-Stunden-Tag bei 30 Dollar im Monat arbeitet, und es ging Phillips an die Nerven. Der Abend kam, und immer noch lag da ein dicker Stapel von unerledigten Sprüchen, immer noch störte man ihn aus nichtigem Anlaß. Erst vor einer Stunde – als er endlich Verbindung mit Cape Race aufgenommen hatte – funkte die *Californian* mit irgendeiner Meldung über Eisberge dazwischen. Die *Californian* war so nah, daß die Zeichen ihm fast das Trommelfell sprengten. Kein Wunder, daß er wütend zurückgefunkt hatte: „Mund halten, Mund halten! Ich habe was zu tun; ich stehe mit Cape Race in Verbindung!"

Der Tag war so hart gewesen, daß Zweiter Funker Bride beschloß, Phillips um Mitternacht abzulösen, obwohl er erst um 2.00 Uhr an der Reihe war. Er wachte gegen 23.55 Uhr auf, schob mit einem Griff den grünen Vorhang beiseite, der die Kojen von der eigentlichen Funkstation trennte, und fragte Phillips, wie er klarkäme. Phillips sagte, er habe gerade die Funksprüche nach Cape Race erledigt. Bride tappte zu seiner Koje zurück und zog seinen Pyjama aus. Phillips rief ihm nach, das Schiff sei irgendwie beschädigt, und sie müßten nach Belfast zurückkehren.

Ein paar Minuten später war Bride angezogen und übernahm die Kopfhörer. Phillips war kaum hinter dem grünen Vorhang verschwunden, als Captain Smith erschien: „Wir haben einen Eisberg gerammt, und ich lasse gerade eine Inspektion durchführen, um festzustellen, welche Schäden dabei entstanden sind. Halten Sie sich bereit, einen Hilferuf auszusenden, aber tun Sie das erst, wenn ich es Ihnen sage."

Dann ging er, kam aber nach wenigen Minuten schon wieder zurück. Diesmal steckte er nur seinen Kopf durch die Tür:

„Senden Sie den Hilferuf."

Phillips war inzwischen wieder in der Funkerbude. Er fragte den Kapitän, ob er den vorgeschriebenen Seenotruf senden solle. Smith erwiderte: „Ja, sofort."

Er gab Phillips einen Zettel mit der genauen Position der *Titanic*. Phillips übernahm die Kopfhörer von Bride, und um 0.15 Uhr begann er, auf seiner Taste die Buchstaben „CQD" zu hämmern – damals der international übliche Notruf – und danach „MGY", die Rufbuchstaben der *Titanic*. Immer wieder, sechsmal hintereinander schnarrte das Signal hinaus in die kalte, blaue Atlantiknacht.

Zehn Meilen entfernt saß Dritter Offizier Groves von der *Californian* auf der Koje des Funkers Cyril F. Evans.

Groves war jung, sehr wach und stets an allem interessiert, was in der Welt geschah. Nach getaner Arbeit ging er gern zu Evans in die Funkbude, um sich die letzten Neuigkeiten zu holen, und er spielte auch gern selbst mit dem Funkgerät herum.

Evans war das nur recht. Es gab auf drittklassigen Dampfern nicht viele Offiziere, die sich für die Außenwelt interessierten, am allerwenigsten für drahtlose Telegraphie. Auf der *Californian* zum Beispiel gab es außer Groves keinen solchen. Ihm waren daher die Besuche des Dritten Offiziers meistens sehr willkommen.

Aber nicht heute. Er hatte einen schweren Tag hinter sich, und es gab keinen anderen Funker, der ihn ablösen konnte. Außerdem hatte man ihn gegen 23.00 Uhr ziemlich grob angefahren, als er versucht hatte, sich in die Funkmeldung von der *Titanic* einzuschalten und ihr von dem Eis zu berichten, das die *Californian* blockierte. Er hatte deshalb heute nacht nicht gezögert, sein Gerät Punkt 23.30 Uhr abzuschalten, ganz nach Vorschrift. Um halb zwölf begann nun einmal sein Feierabend. Jetzt war er todmüde und keineswegs in der Stimmung, mit irgend jemandem zu schwätzen. Groves nahm tapfer einen Anlauf: „Welche Schiffe haben Sie heute dran, Sie alter Funkenfritze?"

„Nur die *Titanic.*" Evans blickte kaum von seinem Magazin auf.

Das war eine Neuigkeit für Groves. Ihm fiel wieder ein, daß Captain Lord auf den gestoppt daliegenden Dampfer gezeigt und nur gesagt hatte: „Das wird die *Titanic* auf ihrer Jungfernreise sein."

Auf der Suche nach etwas Interessantem nahm Groves die Kopfhörer und setzte sie sich auf. Er war ganz gut im Aufnehmen der Zeichen, wenn der Spruch nicht gar zu schwierig war, aber von dem Gerät selbst verstand er nicht allzu viel. Das Funkgerät der *Californian* hatte einen Magnetdetektor, der durch ein Uhrwerk betrieben wurde. Groves zog es nicht auf und hörte deshalb nichts.

Er gab es auf und legte den Kopfhörer wieder auf den Tisch. Dann ging er nach unten, um weniger langweilige Gesellschaft zu suchen. Es war später als 0.15 Uhr.

„GOTT SELBST KÖNNTE DIESES SCHIFF NICHT VERSENKEN“

Die Tür des Kochlogis ging auf und schlug dröhnend gegen die Eisenkoje des Hilfsbäckers Charles Burgess. Er fuhr aus dem Schlaf hoch und starrte den Zweiten Steward George Dodd an, der in der Tür stand. Normalerweise ein rundlicher, lustiger Kerl, machte Dodd jetzt ein todernstes Gesicht, als er rief: „Reise, reise, Junge, wir sinken!“ Dodd ging weiter nach vorn zum Logis der Kellner, wo Salonsteward William Moss versuchte, die Männer zu wecken. Die meisten lachten und rissen Witze, als Dodd hereinstürmte und brüllte: „Alle Mann ’raus! Niemand bleibt hier unten!“ Zusammen mit Moss ging er weiter zum Logis der Stewards. Vor der Tür bezog Rauchsalonsteward Witter schon einige beunruhigende Neuigkeiten von Zimmermann Hutchinson: „Der verfluchte Postraum ist voll.“ Moss kam heran und fügte hinzu: „Es ist wirklich ernst, Jim.“

Die Witze, mit denen die ersten Warnungen aufgenommen worden waren, verstummten. Die Männer taumelten aus den Kojen. Noch halb im Schlaf, zog Bäcker Burgess Hose und Hemd an, aber keine Schwimmweste. Walter Belford trug seinen weißen Bäckerrock, darunter eine Hose, machte sich aber nicht die Mühe, Unterzeug anzuziehen. Steward Ray nahm sich mehr Zeit. Er machte sich nicht ernsthafte Sorgen – trotzdem ertappte er sich selbst dabei, daß er seinen Landanzug überstreifte. Steward Witter, schon angekleidet, machte seine Seekiste auf, stopfte sich Zigaretten in die Taschen ... steckte das Häubchen seines ersten Kindes ein, das er immer bei sich hatte ... mischte sich dann unter die Männer, die jetzt in den Verbindungsgang hinausschwärmten und auf ihre Bootsstationen gingen.

Weit vorn, abseits vom allgemeinen Aufruhr, kletterte Trimmer Samuel Hemming wieder in die Koje, überzeugt davon, daß das Zischen in der Piek nicht allzuviel zu bedeuten habe. Er war gerade dabei einzuschlafen, als der Schiffstischler sich zu ihm hereinbeugte und sagte: „An deiner Stelle würd' ich aufstehen. Das Wasser kommt eins-zwei-drei 'rein, und der Racket Court säuft schon ab.“ Einen Augenblick später erschien der Bootsmann: „'raus mit euch, Jungs, ihr habt keine halbe Stunde mehr zu leben. Das läßt Mr. Andrews euch bestellen. Behaltet es für euch, und sagt es keinem weiter.“

Im Rauchsalon Erster Klasse hatte ganz bestimmt niemand eine Ahnung davon. Die Partie Bridge war wieder in vollem Gange, Leutnant Steffanson schlürfte noch eine heiße Limonade, und es wurden gerade wieder Karten ausgeteilt, als plötzlich ein Schiffsoffizier in der Tür erschien: „Männer, zieht eure Schwimmwesten an. Es sieht ernst aus."

In der Luxuskabine auf dem A-Deck lag Mrs. Washington Dodge im Bett und wartete auf Dr. Dodge, Steuerveranlager für San Francisco, der gegangen war, um Neues zu erfahren. Die Tür ging auf, und ganz ruhig kam Dr. Dodge herein: „Ruth, der Unfall ist ziemlich ernst, es ist besser, du kommst gleich mit an Deck."

Zwei Decks tiefer war Mrs. Lucien Smith es müde geworden, darauf zu warten, daß ihr Mann von seinem Erkundungsgang zurückkäme. Sie war wieder eingeschlafen. Plötzlich ging das Licht an, und sie sah ihren Mann am Bett stehen. Er lächelte ihr zu. Gemächlich erklärte er: „Wir sind ziemlich weit nördlich und haben einen Eisberg gerammt. Es hat nicht viel zu sagen, aber wir werden wahrscheinlich mit einem Tag Verspätung in New York ankommen. Um der Form zu genügen, hat der Captain jedoch allen Damen befohlen, an Deck zu kommen."

So und nicht anders war es. Keine schrillen Glockenzeichen, keine Sirenen, kein allgemeiner Alarm. Aber überall in der *Titanic* machte die Nachricht die Runde, in der einen oder anderen Form.

Der achtjährige Marshall Drew konnte wirklich nicht

begreifen, was da eigentlich los war. Als seine Tante, Mrs. James Drew, ihn weckte und sagte, sie müsse ihn an Deck bringen, protestierte er verschlafen und meinte, er habe aber gar keine Lust, aufzustehen. Aber Mrs. Drew ließ den Einwand nicht gelten.

Nicht weniger ratlos war Arthur Peuchen, obwohl er doch schon seine Expedition an Deck hinter sich hatte und das Eis mit eigenen Augen gesehen hatte. Er hörte die neue Anordnung im großen Treppenhaus, und er traute seinen Ohren nicht. Wie betäubt stolperte er in seine Kabine, um seinen Abendanzug gegen etwas Wärmeres zu vertauschen.

Viele hörten von der Angelegenheit zuerst durch ihre Stewards. John Hardy, Chefsteward der Zweiten Klasse, weckte in eigener Person 20 bis 24 Kabinen. Jedesmal warf er die Tür weit auf und rief: „Alle Mann an Deck! Schwimmwesten anlegen! Alle Mann sofort an Deck!“

In der Ersten Klasse dagegen war es schon angebracht, höflich anzuklopfen. Damals hatte ein Steward auf einem repräsentativen Luxusdampfer nicht mehr als acht oder neun Kabinen, und wie eine Glucke für die Küken sorgte er für „seine“ Passagiere.

Ein gutes Beispiel dafür war Steward Alfred Crawford. 31 Jahre hatte er damit zugebracht, schwierige Passagiere zu bedienen, und so wußte er jetzt auch ganz genau, wie man den alten Mr. Albert Stewart dazu überreden könne, eine Schwimmweste anzulegen. Dann bückte er sich und zog dem alten Herrn die Schuhe an.

In C 89 half Steward Andrew Cunningham dem Passagier William T. Stead in seine Schwimmweste, während der große Verleger sich sanft beschwerte und meinte, das alles sei ein ganz gewaltiger Unfug. In B 84 arbeitete Steward Henry Samuel Etches nach Art eines dienstbeflissenen Schneiders daran, Benjamin Guggenheim eine Schwimmweste anzulegen.

„Aber das wird mir nach einiger Zeit weh tun", klagte der Bergwerks- und Hüttenkönig. Etches nahm ihm schließlich die Schwimmweste wieder ganz ab, verschob einige Schnallen und streifte sie ihm dann wieder über. Daraufhin wollte Guggenheim so an Deck gehen, wie er gerade war, aber Etches blieb hart – es sei viel zu kalt. Endlich gab Guggenheim nach. Etches zog ihm einen schweren Sweater über den Kopf und schickte ihn nach oben.

Einige Passagiere machten noch mehr Schwierigkeiten. In C 78 fand Etches die Tür verschlossen. Als er laut mit beiden Fäusten an die Tür hämmerte, fragte ein Mann argwöhnisch von drinnen: „Was ist denn? ", und eine Frau fügte hinzu: „Sagen Sie, was ist denn eigentlich los? "

Etches erklärte die Lage und versuchte erneut, sie dazu zu bringen, die Tür zu öffnen. Er hatte kein Glück, und nach einigen Minuten vergeblicher Überredungsversuche ging er zur nächsten Kabine weiter.

In einem anderen Teil des Schiffes bot eine verschlossene Tür ein Problem anderer Art. Sie hatte sich verklemmt, und einige Passagiere schlugen sie ein, um einen eingesperrten Mann zu befreien. In diesem Augenblick erschien ein Steward und drohte, er werde alle Beteiligten wegen Beschädigung von Reedereieigentum verhaften lassen, sobald die *Titanic* New York erreicht habe.

Um 0.15 Uhr wußte man nicht recht, ob man scherzen oder ernst sein solle – ob man eine Tür einschlagen und dadurch zum Helden werden oder ob man sie einschlagen und sich verhaften lassen solle. Nirgendwo schienen zwei Leute gleicher Meinung zu sein und in gleicher Weise auf die Situation zu reagieren.

Mrs. Arthur Ryerson war zu der Überzeugung gelangt, daß kein Augenblick zu verlieren sei. Längst hatte sie ihre Absicht aufgegeben, ihren Mann schlafen zu lassen. Jetzt hastete sie hin und her und versuchte, ihre Familie zusammenzuhalten. Sechs waren da, die sich fertigmachen mußten – ihr Mann, drei Kinder, die Gouvernante und das Mädchen –, und die Kinder schienen aber auch gar nicht weiterzukommen. Schließlich gab sie es bei ihrer jüngsten Tochter auf. Sie warf ihr einfach einen Pelzmantel über das Nachthemd und befahl ihr, mitzukommen.

Mrs. Lucien Smith dagegen schien viel Zeit zu haben. Langsam und mit großer Sorgfalt zog sie sich an, um für alles gerüstet zu sein, was die Nacht bringen könne – ein schweres Wollkleid, hohe Schuhe, zwei Mäntel und eine warme, gestrickte Mütze. Unterdes plauderte Mr. Smith über die Landung in New York und über den Zug, der sie nach Süden bringen solle. Nicht ein einziges Mal erwähnte er den Eisberg. Als sie sich auf den Weg machten, um an Deck zu gehen, wollte Mrs. Smith noch einmal umkehren, um einige Schmuckstücke mitzunehmen.

Aber da spielte Mr. Smith nicht mehr mit. Er meinte, es sei wohl doch klüger, sich nicht mit solchen „Kleinigkeiten“ abzugeben. Als Kompromiß nahm Mrs. Smith zwei ihrer liebsten Ringe mit. Das junge Paar verschloß sorgfältig die Tür und machte sich auf den Weg zum Bootsdeck.

An den Dingen, die die einzelnen Leute mitnahmen, wurde deutlich, wie ihnen zu Mute war. Adolf Dyker gab seiner Frau eine kleine Ledertasche, die zwei goldene Uhren, zwei Diamantringe, eine Saphirhalskette und 200 schwedische Kronen enthielt. Miß Russel trug ein kleines Spielzeugschweinchen mit Spieldose (das Tierchen spielte die *Maxixe*). Stewart Collett, ein junger Theologiestudent, der Zweiter Klasse reiste, nahm die Bibel mit. Er hatte seinem Bruder versprochen, sie immer bei sich zu tragen, bis sie einander wiedersehen würden. Lawrence Beesley stopfte sich die Taschen seines Norfolk-Jacketts mit den Büchern voll, die er im Bett gelesen hatte. Normann Campbell Cambers steckte sich einen Revolver und einen Kompaß ein. Steward Johnson, der mittlerweile auf ganz etwas anderes gefaßt war als auf einen „kleinen Abstecher nach Belfast“, steckte sich vier Orangen unter die Bluse. Mrs. Dickinson Bishop ließ Schmuck im Werte von 11.000 Dollar zurück, schickte aber dann ihren Mann noch einmal in die Kabine, um ihren Muff zu holen.

Major Arthur Peuchen warf einen Blick auf die Kassette, die auf dem Tisch in der Kabine C 104 stand. Darin befanden sich 200.000 Dollar in Bonds, 100.000

Dollar in Vorzugsaktien. Er dachte viel an diese Kassette, als er seinen Abendanzug auszog, zwei Garnituren Unterwäsche überstreifte und darüber einige derbe Kleidungsstücke anzog.

Dann blickte er sich zum letzten Mal in der kleinen Kabine um – das Bett, aus echtem Messing . . . das grüne Netz, in das abends Wertgegenstände gelegt werden konnten . . . der Marmorwaschtisch . . . das Roßhaarsofa . . . der Ventilator an der Decke . . . die Klingelknöpfe und die elektrischen Armaturen, die auf einem Schiff immer so aussehen, als habe man sie erst vergessen und dann nachträglich installiert.

Jetzt hatte er seinen Entschluß gefaßt. Er warf die Tür hinter sich ins Schloß und ließ die Kassette zurück. Im nächsten Augenblick war er schon wieder in der Kabine. Rasch nahm er eine glückbringende Anstecknadel und drei Orangen mit. Als er endgültig ging, stand die Kassette immer noch auf dem Tisch.

Draußen im Foyer des C-Decks forderte Zahlmeister Herbert McElroy alle Leute dringend auf, doch nicht so untätig da herumzustehen. Als die Gräfin von Rothes vorbeikam, rief er: „Beeilen Sie sich, kleine Frau, wir haben nicht mehr viel Zeit. Ich freue mich, daß Sie nicht auch Ihren Schmuck von mir verlangt haben wie einige andere Damen.“

Der Menschenstrom ergoß sich in die großen Säle, sanft vorwärtsgetrieben von den Besatzungsmitgliedern. Ein Kabinensteward fing den Blick von Miß Marguerite Frölicher auf, als sie den Gang entlangkam. Vier Tage zuvor hatte sie ihn ein wenig gehänselt, warum er denn eine Schwimmweste in ihre Luxuskabine hänge, da das Schiff doch absolut und beim besten Willen nicht sinken könne. Er hatte gelacht und ihr versichert, das sei nur eine Formsache . . . sie würde sie nie anzuziehen brauchen. Er dachte jetzt an dieses kleine Gespräch und lächelte ihr beruhigend zu: „Haben Sie keine Angst! Es geht schon alles in Ordnung."

„Ich habe keine Angst", erwiderte sie. „Ich bin nur seekrank."

Sie trotteten die Treppe hinauf – eine schweigsame Menge in sehr buntem Aufzug. Unter seinem Mantel trug Jack Thayer jetzt einen grünlichen Tweedanzug mit Weste, darunter noch eine Weste, diese aber aus Mohair. Mr. Robert Daniel, der Bankier aus Philadelphia, hatte nur einen wollenen Pyjama an. Mrs. Turrel Cavendish trug eine Strickjacke und den Mantel ihres Mannes . . . Mrs. John C. Hogeboom hatte einen Pelzmantel über ihr Nachthemd gezogen . . . Mrs. Ada Clark war nur im Nachthemd. Mrs. Washington Dodge hatte sich nicht die Zeit genommen, unter ihren Knöpfstiefeln Strümpfe anzuziehen, und sie ging ein wenig schlurfend, weil sie sich ebenfalls nicht die Zeit genommen hatte, die Stiefel zuzuknöpfen. Mrs. Astor sah schick aus in ihrem hübschen, hellen Kleid. Mrs. John J. Brown – eine Millionärin aus Denver mit interessanter Vergangenheit – sah nicht minder elegant aus in ihrem schwarzsamtenen Kostüm mit schwarz-weißen Seidenrevers.

Der Automobilsport, wie man ihn im Jahre 1912 betrieb, hatte die Erscheinung vieler Damen geprägt –

Mrs. C. E. Henry Stengel trug einen stramm über ihren Blumenhut gespannten und unter dem Kinn zusammengesteckten Schleier, Madame de Villiers dagegen einen langen wollenen Automantel über ihrem Nachthemd, dazu Abendschuhe.

Der junge Alfred von Drachstedt, ein 20jähriger Baron aus Köln, hatte sich für Sweater und Hose entschieden. Eine nagelneue Garderobe im Werte von 2133 Dollar, einschließlich einiger Spazierstöcke und eines Füllfederhalters, der ihm als besonderes Zeichen der Distinguiertheit teuer war, hatte er zurückgelassen.

Die Zweite Klasse befand sich ebenfalls in äußerlicher Unordnung, nur war diese Unordnung nicht ganz so elegant in ihren Details. Mr. und Mrs. Albert Caldwell – auf der Heimreise aus Siam, wo sie am Christlichen College in Bangkok unterrichtet hatten – hatten sich in London neu eingekleidet, aber in dieser Nacht zogen sie ihre ältesten Kleidungsstücke an, die sie besaßen. Ihr Baby Aiden war in eine Decke eingewickelt. Miß Elizabeth Nye trug einen einfachen Rock und eine Jacke, dazu Hausschuhe. Mrs. Charlotte Collyer machte sich nicht die Mühe, erst lange das Haar aufzustecken, sie trug es einfach mit einem Band nach hinten zurückgebunden. Ihre achtjährige Tochter Marjorie hatte sich einen weichen Schiffsteppich um die Schultern gelegt. Mr. Collyer hatte nicht viel Umstände mit dem Anziehen gemacht, weil er damit rechnete, bald wieder in der Kabine zu sein. Er hatte sogar seine Uhr auf dem Kopfkissen liegenlassen.

Das Bild in der Dritten Klasse war besonders konfus, weil die White Star Line in altjüngferlicher Prüderie die ledigen Männer an einem, die ledigen Frauen am anderen Ende der *Titanic* untergebracht hatte. Jetzt liefen viele Männer, die vorn im Schiff schliefen, nach achtern zum Heck, um die Frauen abzuholen.

Katherine Gilnagh, ein keckes, noch nicht ganz 16jähriges Mädchen, hörte es an der Tür klopfen. Es war der junge Mann, der ihr am Tage aufgefallen war, als er an Deck Dudelsack gespielt hatte. Er rief ihr zu, sie solle aufstehen – mit dem Schiff sei etwas nicht in Ordnung. Anna Sjoblom, ein 18jähriges Mädchen aus Finnland auf der Reise nach dem Nordwesten der Staaten an der Pazifikküste, wachte auf, als ein junger Bursche kam, um das Mädchen zu wecken, mit dem sie die Kabine teilte. Er gab auch Anna eine Schwimmweste und legte ihr dringend ans Herz, mitzukommen. Aber sie war viel zu seekrank, um darauf zu hören. Schließlich aber entstand so viel Unruhe, daß sie doch aufstand und hinaufging, obwohl sie sich immer noch entsetzlich schlecht fühlte. Alfred Wicklund, ein Schulfreund von daheim, half ihr rasch in eine Schwimmweste.

Von all diesen jungen Männern machte sich Olaus Abelseth die meisten Sorgen. Der 26jährige Norweger war auf der Reise nach einem Bauernhof in South Dakota, und ein alter Freund der Familie hatte ihm seine 16jährige Tochter in Obhut gegeben. Bis Minneapolis sollte er auf sie achten. Als er sich seinen Weg durch den Verbindungsgang auf dem E-Deck nach achtern bahnte, erschien ihm Minneapolis in ganz besonders weiter Ferne zu sein.

Abelseth fand das Mädchen in der Zwischendeckshalle auf dem E-Deck. Dann kletterte er zusammen mit seinem Schwager, einem Vetter und einem anderen jungen Mädchen die breiten, steilen Treppen der Dritten Klasse hinauf zum Poop-Deck ganz hinten am Heck.

Hinaus in die bitterkalte Nacht wälzte sich der Mahlstrom der Menge. Automatisch hielt sich jede Klasse an ihre eigenen Decks – die Erste Klasse mittschiffs, die Zweite ein bißchen mehr nach achtern, die Dritte ganz am Heck oder auf dem Welldeck in Bugnähe. Ruhig standen sie herum und warteten auf die nächsten Befehle ... einigermaßen zuversichtlich, aber doch auch in unbestimmter Weise beunruhigt. Mit gezwungener Lustigkeit betrachteten sie sich gegenseitig in den grotesken Schwimmwesten. Ein paar gequälte Witze wurden gemacht.

„Ich finde“, sagte Clinch Smith, als ein junges Mädchen mit einem Spitz auf dem Arm vorbeikam, „wir sollten auch dem armen Hündchen so einen Lebensretter umbinden.“

„Gnädige Frau, bitte probieren Sie doch diese Kreation hier einmal“, flötete ein Mann geziert, als er Mrs. Vera Dick die Schnallen der Schwimmweste schloß. „Wirklich der allerletzte Schrei dieser Saison. Man trägt es jetzt überall.“

„Jedenfalls halten sie warm, wenn Sie sie nicht brauchen“, erklärte Captain Smith munter Mrs. Alexander T. Compton aus New Orleans.

Gegen 0.30 Uhr prallte Oberst Gracie mit Fred Wright zusammen, dem Squash-Profi der *Titanic.* Gracie fiel ein, daß er den Court für 7.30 Uhr reserviert hatte, und er versuchte sich in einem kleinen Scherz: „Wollen wir die Verabredung nicht lieber streichen?“

„Ja“, erwiderte Wright. Seine Stimme war tonlos und ohne die übliche Lebhaftigkeit, aber erstaunlich war, daß er überhaupt auf den Scherz des Obersten einging. Er wußte, daß das Wasser in diesem Augenblick die Decke der Squash-Halle erreicht hatte.

In der hellerleuchteten Turnhalle unmittelbar neben dem Bootsdeck saßen Mr. und Mrs. Astor Seite an Seite auf zwei bewegungslosen mechanischen Pferden. Sie trugen ihre Schwimmwesten, und Mr. Astor hatte eine dritte Schwimmweste auf dem Schoß. Er schlitzte sie mit einem Taschenmesser auf, um seiner Frau zu zeigen, was darin war.

Während die Passagiere scherzten und plauderten und warteten, begab sich die Besatzung rasch auf die Stationen. Auf dem Bootsdeck wimmelte es von Seeleuten, Stewards, Heizern, Köchen, die alle an Deck befohlen waren.

Sonderbar spät kam der Fünfte Offizier Harold Godfrey Lowe. Der hitzköpfige junge Mann aus Wales war nie und in keiner Situation unterzukriegen. Als er 14 war, hatte sein Vater versucht, ihn bei einem Geschäftsmann in Liverpool in die Lehre zu geben, aber Lowe erklärte, er werde „auf gar keinen Fall für irgend jemanden arbeiten, um gar keinen Preis.“ Also brannte er durch und ließ sich anheuern für ein Leben nach seinem Geschmack – Dreimaster ... Viermaster ... dann fünf Jahre Dampfschiffahrt an der westafrikanischen Küste.

Jetzt, mit 28 Jahren, überquerte er zum ersten Mal den Atlantik. Diesen Sonntagabend hatte er wachfrei und hatte daher die Kollision verschlafen. Stimmen draußen vor seiner Kabine und auf dem Bootsdeck hatten ihn schließlich geweckt. Als er aus dem Bullauge schaute und alle Mann in Schwimmwesten sah, schoß er wie der Blitz aus der Koje, sprang in die Kleider und stürzte an Deck, um zu helfen. Nicht gerade ein vielversprechender Start, aber es war schon so, wie Lowe später dem amerikanischen Senator Smith erklärte: „Sie müssen bedenken, daß wir nicht gerade allzuviel Schlaf kriegen, und wenn wir einmal schlafen, dann schlafen wir wie tot."

Zweiter Offizier Charles Herbert Lightoller kam auch zu spät, aber aus einem ganz anderen Grund. Wie Lowe, lag auch er wachfrei in seiner Koje, als die *Titanic* kollidierte, aber er wachte sofort auf und rannte barfuß hinauf zum Bootsdeck, um zu sehen, was es gab. Weder backbord noch steuerbord war etwas zu sehen, ausgenommen auf dem Steuerbordflügel der Brücke, wo er undeutlich Captain Smith und den Ersten Offizier Murdoch unterscheiden konnte. Auch diese beiden starrten in die Nacht hinaus.

Lightoller kehrte in seine Kabine zurück und überlegte. Zweifellos, irgend etwas stimmte nicht mit dem Schiff – zuerst dieses Knirschen, jetzt das Schweigen der Maschinen. Aber er war wachfrei, und bis man ihn rief, ging ihn das alles nichts an. Wenn man ihn brauchte, würde man ihn holen, und wenn man käme, um ihn zu holen, dann mußte er dort sein, wo man ihn suchen würde. Lightoller kroch wieder in die Koje und blieb wach und wartete . . .

5, 15, 30 Minuten verstrichen. Jetzt konnte er hören, wie durch die Schornsteine brüllend Dampf abgeblasen wurde, er hörte anschwellendes Stimmengewirr, und er hörte das Klirren von Gerätschaften. Aber was auch geschah, es war seine Pflicht, dort zu sein, wo man ihn suchen würde.

Um 0.10 Uhr platzte schließlich der Vierte Offizier Boxhall in seine Kabine: „Sie wissen doch, daß wir einen Eisberg gerammt haben? "

„Ich weiß, daß wir irgend etwas gerammt haben", erwiderte Lightoller, stand auf und fing an, sich anzuziehen.

„Das Wasser reicht schon bis zum F-Deck und steht im Postraum", fuhr Boxhall fort in der Hoffnung, ihn ein wenig zur Eile anzutreiben. Aber das war gar nicht nötig, denn schon hatte sich Lightoller auf den Weg gemacht. Kühl, umsichtig, überlegt, kannte er seine Pflichten bis aufs I-Tüpfelchen. Er war der vollkommene Zweite Offizier.

Auf dem Bootsdeck begannen die Männer, die 16 hölzernen Rettungsboote klarzumachen. Acht waren auf jeder Seite – eine Traube von vieren vorn, dann auf eine Strecke von 70 Metern nichts, dann weitere vier Boote achtern. Die Boote an Backbord waren mit geraden Zahlen numeriert, die an Steuerbord mit ungeraden. Sie waren vom Bug aus durchnumeriert. Außerdem gab es noch vier große Rettungsflöße aus Leinwand – genannt „Engelhardts“ –, die an Deck verstaut waren. Sie konnten in die leeren Davits gehängt werden, sobald die beiden vorderen Boote zu Wasser gelassen waren. Die Flöße trugen die Buchstaben A, B, C und D.

Alle diese Boote zusammen konnten 1178 Menschen fassen, aber in dieser Sonntagnacht befanden sich 2207 Menschen an Bord der *Titanic.* Dieses Mißverhältnis kannten die Passagiere nicht und nur wenige Mitglieder der Besatzung, aber die meisten hätten sich ohnehin nicht dafür interessiert. Die *Titanic* konnte nicht sinken, alle sagten das. Als Mrs. Caldwell zugeschaut hatte, wie Decksleute in Southampton Gepäck an Bord brachten, fragte sie einen der Männer: „Kann dieses Schiff wirklich nicht sinken? “

„Nein, Madame“, hatte dieser geantwortet, „Gott selbst könnte dieses Schiff nicht versenken.“

Also standen die Passagiere jetzt ruhig auf dem Bootsdeck – ohne sich Sorgen zu machen, aber doch verwirrt. Bootsübungen hatten nie stattgefunden, die Passagiere hatten keine Zuweisung für ein bestimmtes Boot erhalten. Die Mannschaften waren den Booten zugeteilt worden, aber kaum jemand hatte sich die Mühe gemacht, auf die Liste zu gucken. Aber die Leute schienen zu spüren, wo man sie brauchte und wo sie sich nützlich machen konnten. Die Jahre der Disziplin machten sich bezahlt.

Kleine und eng zusammengeballte Gruppen von

Männern schwärmten über jedes Boot, machten die Masten klar und alle möglichen sinnlosen Zubehörteile, steckten die Laternen ein und verstauten die Büchsen mit Zwieback. Andere Männer standen an den Davits bereit, setzten die Winschenkurbeln ein und machten die Leinen klar. Eine nach der anderen traten die Kurbeln in Aktion. Die Davits kreischten, die Flaschenzüge quietschten, und langsam schwenkten die Boote aus. Dann wurden ein paar Fuß Leine freigegeben, so daß jedes Boot auf gleicher Höhe mit dem Bootsdeck lag . . . oder in einigen Fällen auf gleicher Höhe mit dem unmittelbar darunter befindlichen Promenadendeck A.

Aber das Manöver ging nur langsam voran. Der Zweite Offizier Lightoller, dem die Backbordseite unterstand, hielt sich streng an den Dienstweg, und Chief Officer Wilde erwies sich als bedeutender Engpaß. Als Lightoller um Erlaubnis zum Ausschwenken bat, sagte Wilde: „Nein, warten Sie.“ Lightoller ging schließlich zur Brücke und holte sich direkt von Captain Smith den Befehl. Dann fragte Lightoller den Chief Officer, ob er in die Boote gehen lassen solle. Wieder sagte Wilde nein; wieder ging Lightoller zur Brücke; wieder nickte Captain Smith ihm zu: „Ja, lassen Sie die Frauen und Kinder in die Boote gehen, und lassen Sie die Boote zu Wasser.“

Lightoller ließ dann Boot Nr. 4 auf eine Höhe mit dem A-Deck bringen und befahl den Frauen und Kindern, hinunterzugehen, um von dort aus in die Boote zu gehen. Das schien ihm sicherer – weniger Gefahr, über Bord zu fallen, dichter über dem Wasser, gleichzeitig wurde das Bootsdeck dadurch freier. Man brauchte Platz für die harte Arbeit, die bevorstand. Zu spät fiel ihm ein, daß das Promenadendeck an dieser Stelle überdacht und die Fenster geschlossen waren. Während jemand losgeschickt wurde, um die Fenster zu öffnen, rief er hastig alle Mann zurück und ging weiter nach achtern zum Boot Nr. 6.

Mit einem Bein im Boot Nr. 6, mit dem anderen an Deck, rief Lightoller jetzt Frauen und Kinder herbei. Der Befehl fand alles andere als begeisterte Aufnahme. Warum sollte man die hellen Lichter der *Titanic* gegen ein paar dunkle Stunden in einem Ruderboot eintauschen? Sogar John Jacob Astor machte sich über die Sache lustig: „Wir sind hier sicherer als in dem kleinen Boot." Als Mrs. J. Stuart in Nr. 8 kletterte, rief eine Bekannte ihr zu: „Wenn Sie morgen zurückkommen, brauchen Sie einen Paß. Ohne Paß können Sie morgen früh nicht wieder an Bord!" Als Mrs. Constance Willard sich rundweg weigerte, das Boot zu betreten, zuckte ein Offizier, der am Ende seiner Geduld angelangt war, die Achseln: „Keine Zeitverschwendung – laßt sie doch gehen, wenn sie nicht ins Boot will!"

Und auch beruhigende Musik fehlte nicht. Kapellmeister Wallace Henry Hartley hatte seine Männer um sich geschart, und die Kapelle spielte Ragtime. Sie hatte sich anfangs im Salon der Ersten Klasse aufgestellt, wo viele Passagiere warteten, bevor die Befehle zum Fieren der Boote kamen. Später ging die Kapelle zum vorderen Bootsdeck und stellte sich in der Nähe des Eingangs zum großen Treppenhaus auf. Die Musiker sahen ein bißchen bunt aus – einige hatten blaue Uniformmäntel an, andere weiße Jacketts –, aber mit ihrer Musik war alles in Ordnung.

Man hatte keine Mühe gescheut, um der *Titanic* die beste Kapelle auf dem Atlantik zu geben. Die White Star Line hatte sogar dem Cunarder *Mauretania* den Kapellmeister Hartley weggenommen. Pianist Theodore Brailey und der Cellist Roger Brioux waren leicht von der *Carpathia* wegzulocken gewesen. „So, Steward", hatten sie in bester Laune zu Robert Vaughan gesagt, der sie auf dem kleinen Cunarder bediente, „bald werden wir auf einem anständigen Kahn sein und was Besseres kriegen als deinen Schlangenfraß." Fred Clark, Cello, war noch nie an Bord eines Schiffes gewesen, aber in den Konzertsälen Schottlands hatte er einen Namen, und die Reederei kaufte ihn sich. Erster Geiger Jock Hume hatte noch kein eigenes Konzert gegeben, aber seine Geige hatte einen fröhlichen Klang, den die Passagiere zu lieben schienen. Und da waren sie nun – acht gute Musikanten, die genau wußten, was sie zu tun hatten. Heute abend war der Rhythmus schnell, die Musik laut und fröhlich.

An Steuerbord ging alles ein bißchen schneller vor sich. Aber nicht schnell genug für Präsident Ismay, der hin und her hastete und die Männer zur Eile antrieb. „Wir haben keine Zeit zu verlieren!" beschwor er den Dritten Offizier Pitman, der am Boot Nr. 5 arbeitete. Pitman schob ihn achselzuckend beiseite – er kannte Ismay nicht und hatte keine Zeit für einen fremden Wichtigtuer in Hausschuhen. Ismay befahl ihm, das Boot mit Frauen und Kindern zu besetzen. Das war zuviel für Pitman: „Ich warte den Befehl des Kommandanten ab", verkündete er.

Plötzlich dämmerte ihm, wer der Fremde sein könnte. Er schlich eilig das Deck entlang, teilte Captain Smith seine Vermutung mit und fragte, ob er tun solle, was Ismay sagte. Smith antwortete mit einiger Schärfe: „Machen Sie weiter." Wieder bei Nr. 5 angelangt, sprang Pitman ins Boot und rief: „Kommen Sie, meine Damen!"

Mrs. Catherine Crosby und ihre Tochter Harriet wurden vom Familienoberhaupt, Captain Edward Gifford Crosby, mit Nachdruck in das Boot gesetzt. Captain Crosby war ein Fahrensmann aus Milwaukee und ein alter Fünf-Seen-Skipper. Er schien die Dinge immer schon im voraus zu spüren – gleich nach dem Zusammenstoß hatte er seine Frau gescholten: „Du wirst da noch liegenbleiben und in aller Ruhe ertrinken!" Später sagte er zu ihr: „Dieses Schiff ist schwer beschädigt, aber ich glaube, die wasserdichten Kammern werden den Kahn schon über Wasser halten." Jetzt aber wollte er sich auf keinerlei Risiko mehr einlassen.

Langsam schoben sich andere nach vorn – Miß Helen Ostby . . . Mrs. F. M. Warren . . . Mrs. Washington Dodge und ihr fünfjähriger Sohn . . . eine junge Stewardeß. Als keine Frau mehr allein ins Boot gehen wollte, wurden einige Paare zugelassen. Dann einige einzelne Männer. An Steuerbord war es die ganze Nacht so – erst die Frauen, aber dann auch Männer, wenn noch Platz war.

Ein paar Meter weiter nach achtern hatte Erster Offizier Murdoch, dem die Steuerbordseite unterstand, ähnliche Schwierigkeiten beim Besetzen des Bootes Nr. 7. Serienfilmstar Dorothy Gibson sprang hinein, gefolgt von ihrer Mutter. Dann überredeten sie ihre Bridgepartner vom Abend, William Sloper und Fred Seward, zu ihnen ins Boot zu kommen. Andere stellten sich tröpfchenweise ein, bis schließlich 19 oder 20 Menschen im Boot waren. Murdoch glaubte, nicht länger warten zu dürfen. Um 0.45 Uhr gab er das Zeichen. Nr. 7 war das erste Boot, das zu Wasser gelassen wurde.

Dann befahl er Pitman, Nr. 5 zu übernehmen, trug ihm auf, sich auf der Höhe der achteren Gangway zu halten, schüttelte ihm die Hand und sagte lächelnd: „Auf Wiedersehen, viel Glück."

Als Nr. 5 quietschend nach unten verschwand, übertraf Bruce Ismay sich selbst. „Fier weg! Fier weg! Fier weg! Fier weg!" sang er aus und ließ den einen Arm weit ausholend kreisen, während er sich mit der anderen Hand am Davit festhielt.

„Wenn Sie sich doch endlich zum Teufel scheren würden!" explodierte Fünfter Offizier Lowe, der an den Davits arbeitete, „dann könnte ich wenigstens was schaffen hier! Sie wollen wohl, daß ich schneller wegfiere? Wissen Sie, daß ich dann den ganzen Haufen da ersäufe? "

Ismay war wie vor den Kopf geschlagen. Wortlos drehte er sich um und ging zum Boot Nr. 3 nach vorn.

Alte Fahrensleute in der Crew hielten den Atem an.

Die Gräfin von Rothes führte das Steuerruder von Boot Nr. 8.

Lowe, der Fünfte Offizier, rettete Schwimmende aus dem Wasser.

Thomas Andrews war manchen Frauen beim Verlassen des Schiffes, das er gebaut hatte, behilflich.

Der Bäcker Charles Joughin war vermutlich der letzte, der sich in Sicherheit bringen konnte.
(Illustrated London News)

Was Lowe da eben getan hatte, das war in ihren Augen so ziemlich das Aufregendste, was in dieser Nacht passieren konnte. Kein Fünfter Offizier beleidigt den Präsidenten der Reederei und kommt damit durch. Laßt uns nur erst in New York sein, dachten sie, dann kommt die große Abrechnung.

Und fast alle glaubten noch, daß man nach New York kommen würde. Schlimmstenfalls müßte man eben auf ein anderes Schiff umsteigen.

„Peuchen", sagte Charles M. Hays, als der Major sich daran machte, bei den Booten zu helfen, „dieses Schiff hält sich noch acht Stunden. Ich weiß das von einem der besten alten Seeleute, von Mr. Crosby aus Milwaukee."

Monsieur Gatti, Maître des französischen *à la carte*-Schiffsrestaurants, war ebenfalls die Ruhe selbst. Er stand allein auf dem Bootsdeck und bot ein Bild vollendeter Würde – Zylinder fest aufgesetzt, Stöckchen in der Hand, eine sorgfältig zusammengelegte Reisedecke über dem Arm.

Mr. und Mrs. Lucien Smith und Mr. und Mrs. Sleeper Harper plauderten ruhig und gelassen in der Turnhalle gleich neben dem Bootsdeck. Die mechanischen Pferde waren jetzt ohne Reiter – die Astors waren woanders hingegangen. Und jetzt waren auch die feststehenden Fahrräder endlich einmal frei. Sie waren eine Attraktion für die Passagiere, die sich gern in den Sattel schwangen und in die Pedale traten – je kräftiger sie das taten, desto weiter wanderten rote und blaue Zeiger über eine große, weiße Uhr. Jedenfalls war dieser Raum mit dem hellen Linoleumfußboden und den bequemen Korbsesseln entschieden angenehmer als das Bootsdeck. Vor allem war es warm hier, und eilig hatte man es ja nicht.

In dem fast leeren Rauchsalon auf dem A-Deck saßen vier Männer ruhig an einem Tisch zusammen. Archie Butt, Clarence Moore, Frank Millet und Arthur Ryerson schienen sich absichtlich aus dem lärmenden Durcheinander auf dem Bootsdeck heraushalten zu wollen.

Tief unten begann Schmierer Thomas Ranger die 45 elektrischen Ventilatoren abzuschalten, die im Maschinenraum liefen, und er dachte an diejenigen, die er morgen zu reparieren haben würde. Elektriker Alfred White, der an den Dynamos arbeitete, brühte sich an seinem Posten etwas Kaffee auf.

Weit achtern am Heck der *Titanic* ging Vollmatrose George Thomas Rowe immer noch schweigend seine Wache. Er hatte niemanden gesehen und nichts gehört, seit der Eisberg vor fast einer Stunde vorübergeglitten war. Plötzlich sah er zu seinem fassungslosen Staunen ein Rettungsboot dicht an Steuerbord vorbeitreiben. Er telephonierte zur Brücke – war dort bekannt, daß ein Boot ausgesetzt sei? Eine Stimme, aus der ungläubiges Staunen sprach, fragte, wer er sei. Rowe meldete sich als achterer Ausguck, und auf der Brücke wurde klar, daß man ihn ganz vergessen hatte. Man befahl ihm, sofort zur Brücke zu kommen und einige Raketen mitzubringen. Rowe ging zu dem Spind, das ein Deck tiefer stand, nahm eine Blechschachtel mit zwölf Raketen unter den

Arm und eilte nach vorn – der letzte Mann, der erfuhr, was vor sich ging.

Andere wußten das mittlerweile nur zu gut. Der alte Dr. O'Loughlin flüsterte der Stewardeß Mary Sloan zu: „Kinderchen, es sieht sehr schlimm aus." Stewardeß Annie Robinson stand in der Nähe des Postraums und beobachtete, wie das Wasser auf dem F-Deck stieg. Während sie noch dachte, wem wohl die Reisetasche gehören könne, die da auf dem Gang lag, erschien Zimmermann Hutchinson mit einer aufgeschossenen Leine über dem Arm – er sah ratlos, geistesabwesend, tief bestürzt aus. Ein wenig später prallte Miß Robinson auf dem A-Deck mit Thomas Andrews zusammen. Andrews begrüßte sie wie ein ärgerlicher Vater ein ungehorsames Kind: „Ich dachte, ich hätte Ihnen gesagt, Sie sollten Ihre Schwimmweste anlegen!"

„Ja", erwiderte sie, „aber ich finde, es sieht so beunruhigend aus."

„Machen Sie sich darüber kein Kopfzerbrechen. Ziehen Sie das Ding an, gehen Sie damit umher, zeigen Sie sich damit den Passagieren."

„Es sieht ziemlich beunruhigend aus."

„Also, wenn Ihnen Ihr Leben lieb ist, ziehen Sie die Schwimmweste an."

Andrews verstand es, mit den Menschen umzugehen. Dieser liebenswürdige und energische Mann war überall und half allen. Und als ob es selbstverständlich sei, achteten die Menschen auf ihn. Er behandelte sie verschieden, ganz nach dem, was er von ihnen hielt. Dem aufgeregt schwatzenden Steward Johnson sagte er, daß alles in Ordnung gehen werde. Mr. und Mrs. Albert Dick, mit denen er gelegentlich gespeist hatte, sagte er: „Das Schiff ist unten in Fetzen gerissen, aber es wird nicht sinken, wenn die achteren Schotte halten.“ Zur tüchtigen und umsichtigen Stewardeß Mary Sloan sagte er: „Es ist sehr ernst, aber behalten Sie das für sich, damit wir keine Panik kriegen.“ Zu John B. Thayer, dem er voll vertraute, sagte er, daß er dem Schiff „nicht viel mehr als eine Stunde“ gebe.

Einigen Mitgliedern der Besatzung brauchte man das nicht erst zu sagen. Gegen 0.45 Uhr ging Vollmatrose John Poingdestre vom Bootsdeck nach unten, um seine Gummistiefel zu holen. Er fand sie vorn in der Back auf dem E-Deck, und gerade wollte er sich auf den Rückweg machen, als die hölzerne Trennwand zwischen seinem Logis und der Dritten Klasse an Steuerbord plötzlich einstürzte. Das Seewasser stürzte herein, und durch hüfthohes Wasser kämpfte er sich vor bis zur Treppe.

Weiter achtern war Speisesaalsteward Ray in sein Logis auf dem E-Deck gegangen, um sich einen wärmeren Mantel zu holen. Als er ihn hatte, ging er die „Scotland Road“ entlang nach vorn zur Haupttreppe. Die Heizer und Dritter-Klasse-Passagiere, die sich hier gedrängt hatten, waren verschwunden. Alles war ruhig in dem breiten Gang – man hörte nur das klatschende Geräusch des Wassers, das irgendwo von vorn in den Gang hineinlief.

Noch weiter achtern war Zweiter Hilfssteward Joseph Thomas Wheat hinuntergegangen, um einige Wertsachen aus seiner Kammer auf dem F-Deck, Backbordseite, zu holen. Sie war gleich neben dem türkischen Bad, einer Reihe prächtiger Räume, die so etwas wie einen Übergang zwischen der viktorianischen und der Rudolph-Valentino-Ära der Innenarchitektur darstellten. Der Mosaikboden, die blaugrün gekachelten Wände, die vergoldeten Trägerbalken in der mattroten Decke, die mit geschnitztem Teakholz umkleideten Stützen – alles war noch völlig trocken.

Aber als Wheat ein paar Meter weit den Gang entlanggegangen war und wieder die Treppe hinaufgehen wollte, sah er etwas höchst Merkwürdiges: Ein dünnes Bächlein plätscherte die Treppe vom E-Deck *herunter.* Das Wasser war knapp einen Zentimeter hoch – es bedeckte gerade eben den flachen Absatz seiner Schuhe, als er die Treppen hinaufplatschte. Als er das E-Deck erreicht hatte, sah er, daß das Wasser von der vorderen Steuerbordseite kam.

Er erriet, was geschehen war. Das Wasser vorn auf dem F-Deck, dem der Weg durch das wasserdichte Schott versperrt war, war bis zum E-Deck gestiegen, wo es kein Schott mehr gab, und lief jetzt über in die nächste achtere Kammer.

Kesselraum Nr. 5 war der einzige Ort, an dem alles in Ordnung zu sein schien. Als die Feuer gelöscht waren, hatte Erster Heizer Barrett die meisten anderen Heizer auf ihre Bootsstationen geschickt. Er war mit ein paar anderen zurückgeblieben, um den Ingenieuren Harvey und Shepherd bei den Pumpen zu helfen. Auf Harveys Befehl hob er den eisernen

Deckel des Einstieglochs in den Bodenplatten an der Steuerbordseite, damit Harvey an die Pumpenventile herankommen könnte.

Der Kesselraum füllte sich jetzt mit Dampfwolken, die von dem Wasser herrührten, mit dem die Glut gelöscht worden war. Im trüben Licht ihres eigenen türkischen Bades arbeiteten die Männer weiter – wie Schemen glitten sie durch den Nebel.

Dann fiel Shepherd, der quer durch den Raum gelaufen war, in den Einstieg und brach sich das Bein. Harvey, Barrett und Heizer George Kemish kamen herbeigerannt. Sie hoben ihn auf und trugen ihn in den Pumpenraum, der an einem Ende des Kesselraums abgetrennt war.

Keine Zeit, um mehr zu tun, als ihn einigermaßen bequem zurechtzulegen . . . dann wieder zurück in die Dampfwolken. Bald kam von der Brücke der Befehl: „Alle Mann auf Bootsstation“. Während die Männer hinaufgingen, lag Shepherd noch im Pumpenraum, Barrett und Harvey arbeiteten weiter an den Ventilen. Fünfzehn Minuten vergingen, und die Stimmung der beiden Männer hob sich – der Raum war immer noch trocken, der Rhythmus der Pumpen war schnell und regelmäßig.

Plötzlich kam das Seewasser donnernd zwischen den Kesseln am vorderen Ende in den Raum gestürzt. Das ganze Schott zwischen Nr. 5 und Nr. 6 brach zusammen.

Harvey brüllte Barrett zu, er solle zur Rettungsleiter laufen. Barrett kletterte eilig empor, der Schaum wirbelte um seine Füße. Harvey selbst wandte sich zum Pumpenraum, wo Shepherd lag. Er hatte ihn noch nicht erreicht, als er unter dem Sturzbach des hereinbrechenden Wassers verschwand.

Die Stille im Marconi-Schuppen wurde nur durch den scharrenden Funken des Sendegerätes unterbrochen. Phillips hämmerte seinen Hilferuf hinaus und notierte die Antworten, die zurückkamen. Bride zwängte sich immer noch in seine Kleidung, er kam nicht recht weiter damit, weil er ununterbrochen zwischen Funkbude und Brücke hin- und hertrabte.

Bis jetzt waren die Nachrichten ganz ermutigend. Als erster hatte die *Frankfurt* des Norddeutschen Lloyd geantwortet. Um 0.18 Uhr sandte sie ein knappes „In Ordnung . . . stehe bereit" – aber keine Position. In der nächsten Minute strömten die Antworten nur so herein. – *Mt. Temple* von der Canadian Pacific . . . der Allan-Dampfer *Virginian* . . . der russische Trampdampfer *Burma*.

Signale zuckten und prasselten durch die Nacht. Schiffe, die keinen direkten Kontakt hatten, bekamen die Nachricht von anderen, die innerhalb der Reichweite waren . . . Immer weitere Kreise schlug die Meldung. Cape Race hörte sie direkt und gab sie ans Binnenland weiter. Auf dem Dach des Warenhauses Wanamaker in New York entzifferte ein junger Funker namens David Sarnoff ein schwaches Signal und gab es ebenfalls weiter. Die ganze Welt verharrte in banger Aufmerksamkeit.

Ganz in der Nähe dampfte Cunarder *Carpathia* in

völliger Ahnungslosigkeit nach Süden. Der einzige Funker des Schiffes, Harold Thomas Cottam, war auf der Brücke, als Phillips sein CQD aussandte. Jetzt war Cottam wieder an seinem Gerät und nahm sich vor, der großen *Titanic* einen Gefallen zu tun. Er fragte beiläufig an, ob die *Titanic* wisse, daß einige Privattelegramme in Cape Race für sie bereitlägen?

Es war 0.25 Uhr, als Phillips eine Antwort zurückhämmerte, die mit keinem Wort auf die höfliche Geste der *Carpathia* einging: „Kommen Sie sofort. Wir haben einen Eisberg gerammt. Dies hier ist ein CQD, alter Junge. Position 41 Grad 46 Minuten Nord, 50 Grad 14 Minuten West."

Einen Augenblick bestürztes Schweigen . . . dann fragte Cottam an, ob er das seinem Captain melden solle. Phillips: „Ja, rasch." Weitere fünf Minuten vergingen. Dann gute Nachricht – die *Carpathia* war nur 58 Meilen entfernt und funkte: „Komme mit Volldampf."

Um 0.34 Uhr war es wieder die *Frankfurt*, sie war 150 Meilen entfernt. Phillips fragte: „Kommen Sie uns zu Hilfe? " *Frankfurt:* „Was ist los mit euch? " Phillips: „Sagen Sie Ihrem Captain, er solle uns zu Hilfe kommen. Wir sitzen auf dem Eis."

Captain Smith kam in diesem Augenblick in die Funkerbude, um sich über die gegenwärtige Lage zu informieren. Gerade meldete sich die *Olympic*, das riesige Schwesternschiff der *Titanic*. Sie war 500 Meilen weit weg, aber sie hatte eine starke Funkanlage an Bord, sie war in der Lage, eine große Rettungsaktion durchzuführen, und es bestanden enge Bande zwischen den beiden Schiffen. Phillips blieb in enger Fühlung und trieb gleichzeitig die Schiffe zur Eile an, die in größerer Nähe waren.

„Welchen Ruf senden Sie? “ fragte Smith.

„CQD“, erwiderte Phillips knapp.

Bride hatte einen glänzenden Einfall. CQD war zwar der traditionelle Notruf, aber auf einer internationalen Konferenz hatte man sich gerade darauf geeinigt, statt dessen die Buchstaben SOS zu verwenden – auch ein krasser Anfänger konnte diesen Ruf leicht erkennen. Also schlug Bride vor: „Senden Sie SOS. Das ist der neue Ruf, und vielleicht ist es Ihre letzte Chance, ihn zu senden.“

Phillips lachte über den Witz und morste den neuen Ruf. Die Uhr in der Funkerbude zeigte 0.45, als die *Titanic* das erste SOS der Geschichte aussandte.

Keines der Schiffe, mit denen die Verbindung hergestellt war, schien so aussichtsreich zu sein wie das Licht, das in zehn Meilen Entfernung hart backbord vom Bug der *Titanic* blinkte. Vierter Offizier Boxhall sah deutlich durch das Glas, daß es ein Dampfer war. Einmal, als er versuchte, mit der Morselampe Verbindung aufzunehmen, glaubte er, eine Antwort zu erkennen. Aber er konnte sie nicht entziffern und erklärte es sich schließlich so, daß es wohl das flimmernde Toplicht des Dampfers war.

Stärkere Maßnahmen waren erforderlich. Sobald Vollmatrose Rowe die Brücke erreichte, fragte Captain Smith ihn, ob er die Raketen mitgebracht habe. Rowe zeigte sie vor, und der Captain befahl: „Schießen Sie eine ab, und dann alle fünf oder sechs Minuten wieder eine."

Um 0.45 Uhr zerriß ein blendendes Licht die Nacht. Die erste Rakete jagte von der Steuerbordseite der Brücke in den Himmel. Höher . . . immer höher stieg sie, bis weit über das Filigranwerk der Masten und der Takelage. Dann zerplatzte sie mit einem fernen, dumpfen Knall, und ein Schauer heller, weißer Sterne sank langsam herab auf die See. Fünfter Offizier Lowe erinnerte sich später an das verdutzte Gesicht Bruce Ismays, das er in dem blauweißen Licht gesehen hatte.

Zehn Meilen davon entfernt stand Offiziersanwärter James Gibson auf der Brücke der *Californian.* Das merkwürdige Schiff, das da von Osten aufkam, hatte sich seit einer Stunde nicht mehr bewegt, und Gibson betrachtete es interessiert. Mit dem Glas konnte er die Seitenlichter erkennen und einen grellen Lichtschein auf dem Achterdeck. Einmal glaubte er, das Schiff versuche die *Californian* mit der Morselampe anzurufen. Er versuchte mit seiner eigenen Lampe zu antworten, aber bald gab er es auf. Er erklärte es sich schließlich so, daß es wohl nur das flimmernde Toplicht des Dampfers gewesen war.

Zweiter Offzier Herbert Stone, der auf der Brücke der *Californian* hin und her wanderte, behielt ebenfalls diesen seltsamen Dampfer im Auge. Um 0.45 Uhr sah er plötzlich ein grellweißes Licht über dem Schiff aufblitzen. Sonderbar, dachte er, daß ein Schiff nachts Raketen abschießt.

„DU GEHST, UND ICH BLEIBE NOCH EIN BISSCHEN“

Zweiter-Klasse-Passagier Lawrence Beesley hatte keine Ahnung von der Seefahrt, aber was Raketen bedeuten, das wußte sogar er. Die *Titanic* brauchte Hilfe – brauchte sie so dringend, daß sie sich an jedes Schiff wandte, das nur nahe genug war, um sie sehen zu können.

Auch die anderen auf dem Bootsdeck verstanden, was die Raketen bedeuteten. Jetzt wurden keine Witze mehr gemacht, keine Zeit mehr vergeudet. Ja, man hatte kaum Zeit, um Abschied zu nehmen.

„Es geht schon alles gut, kleines Mädchen!“ rief Dan Marvin seiner jungen Frau zu, „du gehst, und ich bleib' noch ein bißchen.“ Er warf ihr eine Kußhand zu, als sie ins Boot kletterte.

„Bis später dann“, sagte Adolf Dyker lächelnd zu seiner Frau und half ihr über den Dollbord.

„Sei tapfer, was auch geschieht, sei tapfer“, sagte Dr. M. T. Minahan zu seiner Frau, als er mit den anderen Männern zurücktrat.

Mr. Turrel Cavendish sagte nichts zu seiner Frau. Nur ein Kuß ... ein langer Blick ... ein zweiter Kuß ... und er verschwand in der Menge.

Mark Fortune nahm die Wertgegenstände seiner Frau an sich, als er sich zusammen mit seinem Sohn Charles von seiner Frau und ihren drei Töchtern verabschiedete. „Ich passe gut auf die Sachen auf, wir fahren im nächsten Boot", sagte er. „Charles, gib auf Vater acht", rief eins der Mädchen ihrem Bruder zu.

„Walter, du mußt mit mir kommen", flehte Mrs. Walter D. Douglas.

„Nein", erwiderte Mr. Douglas und wandte sich ab, „es wäre nicht anständig."

„Versuche mit Major Butt und Mr. Moore zusammenzubleiben", kam ein letzter besorgter Ratschlag. „Sie sind groß und stark und werden es bestimmt schaffen."

Noch immer weigerten sich einige der Frauen, das Schiff zu verlassen. Mr. und Mrs. Edgar Meyer aus New York wollten nicht in aller Öffentlichkeit darüber verhandeln und gingen schließlich hinunter in ihre Kabine. Dort beschlossen sie, sich wegen ihres kleinen Kindes zu trennen.

Arthur Ryerson mußte an die Gesetzestreue seiner Frau appellieren: „Du mußt den Befehlen gehorchen. Wenn es heißt: ‚Frauen und Kinder in die Boote', dann *mußt* du gehen, wenn du an die Reihe kommst. Ich bleibe hier mit Jack Thayer. Uns passiert schon nichts."

Alexander T. Compton jr. war nicht minder entschieden, als seine Mutter erklärte, sie würde eher dableiben als ohne ihn gehen: „Sei nicht töricht, Mutter. Du gehst mit Schwester ins Boot – ich kann schon für mich allein sorgen."

Eine ähnliche Auseinandersetzung hatten Mr. und Mrs. Lucien Smith. Als sie Captain Smith in der

Nähe mit einem Megaphon in der Hand stehen sah, hatte sie eine Eingebung. Sie ging zu ihm, erklärte ihm, daß sie ganz allein sei auf der Welt und fragte ihn, ob ihr Mann mit ihr gehen dürfe. Der alte Captain ignorierte sie, hob sein Megaphon und rief: „Frauen und Kinder zuerst!"

In diesem Augenblick mischte sich Mr. Smith ein: „Es geht schon in Ordnung, Mr. Captain, ich werde dafür sorgen, daß sie ins Boot geht." Dann wandte er sich seiner Frau zu und sagte sehr langsam: „Ich habe nie gedacht, daß ich einmal Gehorsam von dir verlangen müsse, aber jetzt ist dieser Augenblick gekommen. Es ist nur Formsache, daß Frauen und Kinder zuerst in die Boote gehen. Das Schiff ist gründlich ausgerüstet, und jeder einzelne an Bord wird gerettet."

Mrs. Smith fragte ihn, ob er wirklich die Wahrheit spräche. Mr. Smith antwortete fest und entschieden: „Ja." Sie küßten sich zum Abschied, und als das Boot auf das Wasser aufsetzte, rief er ihr von Deck zu: „Steck die Hände in die Tasche, es ist sehr kalt."

Manchmal genügte eine milde Täuschung nicht. Mrs. Emil Taussig klammerte sich an ihren Mann, als Nr. 8 mit ihrer Tochter darin herabgelassen wurde. Mrs. Taussig wandte sich um und schrie: „Ruth!" Die kurze Ablenkung genügte: Zwei Männer rissen sie von Mr. Taussig los und warfen sie in das langsam tiefer sinkende Boot.

Ein Matrose packte Mrs. Charlotte Collyer am Arm, ein anderer um den Leib, und sie schleppten sie förmlich von ihrem Mann Harvey weg. Als sie sie mit Füßen trat, um sich zu befreien, hörte sie ihn rufen: „Um Gottes willen, geh! Lottie, sei tapfer und geh! Ich kriege einen Platz in einem anderen Boot!"

Als Celiney Yasbeck sah, daß sie allein gehen müsse, begann sie laut zu schreien, sie wolle zurück zu ihrem Mann, aber das Boot setzte aufs Wasser auf, während sie vergeblich versuchte, wieder an Deck zu kommen.

Keine Überredung und keine Gewalt half bei Mrs. Hudson J. Allison aus Montreal. Ein wenig abseits von den anderen drängte sie sich eng an ihren Mann, während ihre kleine Tochter Lorraine an ihrem Rock zog.

Auch Mrs. Isidor Straus weigerte sich, zu gehen: „Ich bin immer bei meinem Mann geblieben, warum sollte ich ihn jetzt verlassen?"

Sie hatten in der Tat einen langen, gemeinsamen Weg hinter sich: Zusammenbruch der Südstaaten ... die kleine Porzellanhandlung in Philadelphia ... Aufbau des Warenhauses Macy zu einer der größten Firmen des Landes ... Wahl in den Kongreß ... und jetzt der glückliche Lebensabend nach einer erfolgreichen Laufbahn – Berater vieler Ausschüsse, Arbeit in Wohltätigkeitsorganisationen, Steckenpferde, Reisen. Diesen Winter waren sie in Kap Martin, und die Jungfernreise der *Titanic* erschien ihnen als schöner Abschluß ihrer Ferien.

Heute nacht waren sie zusammen mit den anderen an Deck gekommen, und anfangs schien Mrs. Straus unschlüssig, was sie tun sollte. Einmal gab sie ihrer Zofe Ellen Bird ein kleines Schmuckstück, dann nahm sie es wieder an sich. Später überquerte sie das Bootsdeck und war drauf und dran, in das Boot Nr. 8 einzusteigen – dann drehte sie sich um und ging wieder zu ihrem Mann. Jetzt hatte sie ihren Entschluß gefaßt: „Wir haben viele Jahre zusammen gelebt. Wo du gehst, da gehe auch ich hin."

Archibald Gracie, Hugh Woolner, andere Freunde versuchten vergeblich, sie zum Gehen zu überreden. Dann wandte Woolner sich an Mr. Straus: „Ich bin sicher, daß niemand etwas dagegen haben würde, wenn ein alter Herr wie Sie ins Boot steigen würde . . ."

„Ich gehe nicht eher als die anderen Männer", sagte er, und damit war die Angelegenheit erledigt. Dann ließen sich Mr. und Mrs. Straus in zwei Liegestühle nieder.

Aber die meisten Frauen gingen in die Boote – auf dem Weg zu den Booten begleitet von ihrem Mann, unverheiratete Frauen begleitet von den Männern, die sich erboten hatten, für sie zu sorgen. Es war noch die Zeit, in der Herren bei einer Atlantikreise in aller Form „unbeschützten Damen" ihre Dienste anboten. Heute nacht erwies sich diese Höflichkeit als eine Sache von hohem, praktischem Wert für viele Damen.

Mrs. William T. Graham, die 19jährige Margaret und ihre Gouvernante Miß Shutes wurden von Howard Case, dem Londoner Manager der Vacuum Oil, und dem jungen Washington Augustus Roebling, dem Stahlerben, der sich als Manager der Mercer-Automobilwerke in Trenton, New Jersey, selbständig gemacht hatte, in das Boot Nr. 8 gebracht. Als Nr. 8 auf das Wasser aufsetzte, sah Mrs. Graham, wie Case, an die

Reling gelehnt, sich eine Zigarette ansteckte und ihr zum Abschied noch zuwinkte.

Mrs. E. D. Appleton, Mrs. R. C. Cornell, Mrs. J. Murray Brown und Miß Edith Evans, die von einem Familienbegräbnis in England zurückkamen, standen unter Oberst Gracies Fittichen, aber in der Menge hatte er sie aus den Augen verloren, und erst sehr viel später sollte er sie wiederfinden.

Vielleicht war der Oberst abgelenkt worden durch seine gleichzeitigen Bemühungen um Mrs. Churchill Candee, seiner Tischdame aus dem Speisesaal. Mrs. Candee befand sich auf der Rückreise von Paris, wo sie ihren Sohn besucht hatte, der bei etwas ganz Neumodischem verletzt worden war – bei einem Flugzeugunglück, und sie muß wirklich sehr attraktiv gewesen sein. Praktisch jeder Mann an Bord wollte sie beschützen.

Als Edward A. Kent, ein anderes Mitglied der Tischgesellschaft, sie nach der Kollision traf, gab sie ihm eine Elfenbeinminiatur ihrer Mutter zur sicheren Aufbewahrung. Dann erschien Hugh Woolner und Bjornstrom Steffanson und halfen ihr ins Boot Nr. 6. Woolner winkte ihr zu und versicherte ihr, daß sie ihr wieder an Bord helfen würden, sobald die *Titanic* „sich wieder beruhigt habe". Etwas später kamen Gracie und Clinch Smith angestürzt, ebenfalls auf der Suche nach Mrs. Candee, aber Woolner teilte ihnen – vielleicht ein ganz klein wenig schadenfroh – mit, daß für sie bereits gesorgt sei und daß sie die *Titanic* verlassen habe und in Sicherheit sei.

Viele Eisberge wurden als „der Eisberg, der die Titanic zum Sinken brachte", identifiziert; aber dieser hier ist es mit der größten Wahrscheinlichkeit. Er wurde am 15. April in der Nähe des Schauplatzes fotografiert. Der Chefsteward des deutschen Schiffes Prinz Adalbert machte die Aufnahme nicht der Titanic wegen — er ahnte noch nichts von der Katastrophe — sondern weil sich ein großer roter Streifen am Fuße des Berges entlangzog, was auf einen kürzlich erfolgten Zusammenstoß mit einem Schiff hindeutete.
(Aus der Sammlung des Autors)

Das zusammenlegbare Boot D, kurz vor dem Anlegen an der Carpathia. Es ist das letzte Rettungsboot, das die Titanic verließ, Miß Edith Evans, die ihren Platz Mrs. J. Murray Brown, einer Mutter, überließ, befindet sich nicht an Bord. (Mrs. Louis M. Ogden)

Und es war nicht zu früh. Das Deck hatte sich stärker geneigt, und selbst die Sorglosen wurden nachdenklich. Einige, die alles in der Kabine zurückgelassen hatten, überlegten sich die Sache und machten sich auf den Weg unter Deck, um einige Wertgegenstände zu holen. Sie sollten unangenehme Überraschungen erleben. Celiney Yasbeck fand ihren Raum völlig unter Wasser, Gus Cohen entdeckte das gleiche. Victorine, die französische Zofe der Ryersons, hatte ein noch beunruhigenderes Erlebnis. Sie fand ihre Kabine noch trocken vor, aber als sie herumsuchte, hörte sie, wie sich der Schlüssel im Schloß drehte. Blitzartig wurde ihr klar, daß der Steward die Tür der Luxuskabine abschloß, um Plünderungen zu verhindern. Ihr Aufschrei kam gerade noch rechtzeitig, der Steward schloß wieder auf und befreite sie. Um ihr Glück nicht noch weiter zu strapazieren, stürzte sie mit leeren Händen zurück an Deck.

Allen wurde deutlich, daß die Zeit fast abgelaufen war. Thomas Andrews ging von Boot zu Boot und forderte die Frauen zur Eile auf: „Meine Damen, Sie *müssen* einsteigen, es ist kein Augenblick zu verlieren. Sie können sich nicht erst lange Ihr Boot aussuchen. Zögern Sie nicht. In die Boote, in die Boote!“

Andrews hatte allen Grund, gereizt zu sein. Nie waren Frauen unberechenbarer. Ein junges Mädchen, das darauf wartete, in Boot Nr. 8 einzusteigen, rief plötzlich: „Ich habe Jacks Photographie vergessen, und ich muß sie haben.“ Alle protestierten, aber wie der Blitz verschwand sie unter Deck. Im nächsten Augenblick war sie wieder da mit dem Bild und wurde Hals über Kopf ins Boot spediert.

Es war alles so dringlich – und dabei völlig ruhig –, daß Zweiter Offizier Lightoller fand, es sei Zeitverschwendung, als Chief Officer Wilde ihn bat, bei der Suche nach den Waffen zu helfen. Rasch führte er den Captain, Wilde und den Ersten Offizier Murdoch zum Waffenschrank. Wilde schob Lightoller eine Pistole in die Hand und sagte: „Vielleicht werden Sie sie brauchen." Lightoller steckte sie in die Tasche und lief zurück zu dem Boot.

Eins nach dem anderen wurde jetzt rasch zu Wasser gelassen: Nr. 6 um 0.55 Uhr . . . Nr. 3 um 1.00 Uhr . . . Nr. 8 um 1.10 Uhr. Erster-Klasse-Passagier William Carter sah ihnen nach und riet Harry Widener, zu versuchen, mit in ein Boot zu kommen. Widener schüttelte den Kopf: „Ich glaube, ich halte mich an das große Schiff, Billy, und lass' es darauf ankommen."

Einige Besatzungsmitglieder waren weniger optimistisch. Als Zweiter Hilfssteward Wheat bemerkte, daß Chefsteward Latimer die Schwimmweste über seinem schweren Mantel trug, beschwor er ihn, sie unter den Mantel zu ziehen – das erleichtere das Schwimmen sehr.

Auf der Brücke feuerten Vierter Offzier Boxhall und Vollmatrose Rowe weitere Raketen ab. Boxhall konnte immer noch nicht glauben, was da geschah. „Mr. Captain", fragte er, „ist es *wirklich* so ernst? "

„Mr. Andrews hat mir eben gesagt", erwiderte Smith ruhig, „daß er dem Schiff noch eine bis anderthalb Stunden gibt."

Lightoller hatte einen deutlichen Maßstab vor Augen – die steile, enge Nottreppe, die vom Bootsdeck bis tief hinunter zum E-Deck führte. Das Wasser kroch langsam die Stufen empor. Von Zeit zu Zeit ging Lightoller hinüber zum Treppeneingang und prüfte die Zahl der Stufen, um die das Wasser gestiegen war. Er konnte es sehr deutlich erkennen, denn die Lichter glommen noch unter dem blaßgrünen Wasser.

Sein Pegel zeigte ihm, daß die Zeit knapp wurde. Das Arbeitstempo wuchs – und man wurde weniger vorsichtig. Eine hübsche junge Französin stolperte und fiel, als sie versuchte, in Nr. 9 zu klettern. Eine ältere Frau in Schwarz verfehlte Nr. 10 völlig. Sie fiel zwischen den Bug des Bootes und die Schiffswand. Während die Menge entsetzt den Atem anhielt, hatte irgend jemand in letzter Sekunde ihr Fußgelenk gepackt. Andere zerrten sie dann in das darunterliegende Promenadendeck, und sie ging zurück aufs Bootsdeck, um es noch einmal zu versuchen. Diesmal schaffte sie es.

Einige verloren die Nerven. Eine alte Dame machte große Umstände um Boot Nr. 9, riß sich dann plötzlich los und lief weg. Eine hysterische Frau schlug hilflos um sich, während sie versuchte, in Nr. 11 zu klettern. Steward Witter stand an der Reling, um ihr zu helfen, aber sie verlor trotzdem den Halt, und zusammen stürzten sie in das Boot. Eine große, füllige Frau stand weinend beim Boot Nr. 13: „Stecken Sie mich nicht in das Boot. Ich will nicht in das Boot! Ich bin noch niemals in meinem Leben in einem offenen Boot gewesen!“

Steward Ray kümmerte sich nicht um ihre Proteste –

„Sie müssen gehen, und da können Sie auch ebensogut still sein."

Der Plan, einige Boote von den unteren Gangways aus zu besetzen, endete in völliger Verwirrung. Die Türen, die benutzt werden sollten, wurden nie geöffnet, die Boote, die in der Nähe warten sollten, ruderten weg, die Menschen, die in diese Boote gehen sollten, wußten nicht mehr wohin. Als die Caldwells und verschiedene andere endlich bei der Gangway auf dem C-Deck angelangt waren, fanden sie sie verschlossen. Jemand, der von dem Plan nichts wußte, verschloß nun auch noch die Tür hinter ihnen. Später entdeckten einige Männer oben auf dem Deck die Gruppe und ließen eine Leiter hinab, damit sie zu ihnen hochklettern konnten.

Ein Mangel an ausgebildeten Seeleuten machte die Verwirrung noch schlimmer. Einige der besten Männer waren als Besatzung auf die ersten Boote kommandiert worden, andere Männer waren unterwegs, um besondere Aufträge auszuführen – Laternen zu beschaffen, die Fenster auf dem A-Deck zu öffnen, beim Abschießen der Raketen zu helfen. Sechs Seeleute wurden losgeschickt, um eine der unteren Gangways zu öffnen, sie kamen nicht mehr zurück ... wahrscheinlich waren sie tief unten in eine Falle geraten, aus der sie sich nicht wieder befreien konnten. Jetzt rationierte Lightoller die Männer, die ihm noch geblieben waren – nur zwei Mann Besatzung für jedes Boot.

Nr. 6 war halb unten, als eine Frau zum Bootsdeck hinaufrief: „Wir haben nur einen Seemann im Boot!"

„Sind Seeleute hier?“ fragte Lightoller die Leute an Deck.

„Wenn Sie wollen, gehe ich“, rief eine Stimme aus der Menge.

„Sind Sie Seemann?“

„Ich bin Sportsegler.“

„Wenn Sie Seemann genug sind, um da hinunterzukommen, können Sie gehen.“ Major Arthur Godfrey Peuchen – Vizekommodore des Kgl. Kanadischen Jacht-Clubs – schwang sich am vorderen Fall hinaus und glitt hinab in das Boot. Er war der einzige männliche Passagier, den Lightoller in dieser Nacht in ein Boot ließ.

Die Männer auf der Steuerbordseite hatten mehr Glück. Murdoch ließ sie auch weiterhin in die Boote, wenn noch Platz war. Der französische Flieger Pierre Maréchal und sein Landsmann, Bildhauer Paul Chevré, kletterten in Nr. 7. Zwei Einkäufer des Warenhauses Gimbel fanden Platz in Nr. 5. Als die Zeit zum Herablassen von Nr. 3 gekommen war, gesellte sich Henry Sleeper Harper nicht nur seiner Frau zu, sondern er brachte seinen Pekinesen Sun Yat-sen mit und einen ägyptischen Dragoman namens Hamad Hassah, den er als eine Art Witz aus Kairo mitgebracht hatte.

Auf derselben Seite stand Dr. Washington Dodge unschlüssig im Schatten des Bootes Nr. 13, als Speisesaalsteward Ray ihn bemerkte. Ray fragte, ob Frau und Sohn des Doktors schon in einem Boot seien, Dodge bejahte. Ray war froh, denn er fühlte sich an ihrem Schicksal beteiligt. Er hatte die Familie Dodge auf der

Reise nach Europa auf der *Olympic* bedient. Und er war es, der sie dazu überredet hatte, auf der Rückreise die *Titanic* zu nehmen. In gewisser Weise war es also seinetwegen, daß die Dodges an Bord waren ... Aber für Philosophie war keine Zeit. Ray sagte: „Am besten steigen Sie gleich hier ein“, und er stieß den Doktor in das Boot.

Beinahe förmlich ging es am Boot Nr. 1 zu. Sir Cosmo Duff Gordon, seine Frau und deren Sekretärin Miß Francatelli – die Lady Duff Gordon mit Vorliebe „Miß Franks“ rief – fragten Murdoch, ob sie ins Boot gehen dürften.

„Aber gewiß doch, ich würde mich sehr freuen“, erwiderte Murdoch, wie Sir Cosmo später berichtete. (Dagegen glaubte Ausguck George Symons, der in der Nähe stand, gehört zu haben, daß Murdoch einfach sagte: „Ja, springen Sie ’rein.“) Dann kamen zwei Amerikaner, Abraham Solomon und C. E. H. Stengel, und wurden ebenfalls zum Einsteigen eingeladen. Stengel machte es Mühe, die Reling zu überwinden, schließlich kletterte er hinauf auf die Reling und rollte dann buchstäblich in das Boot. Murdoch, ein flinker Terrier von einem Mann, lachte vergnügt auf: „Das ist das Spaßigste, was ich heute abend gesehen habe.“

Sonst schien niemand in der Nähe zu sein – alle Boote an diesem Teil des Decks waren zu Wasser gelassen, und die Menge war nach achtern gegangen. Als die fünf Passagiere sicher verladen waren, schickte Murdoch noch sechs Heizer in das Boot, übergab Ausguck Symons das Kommando und trug ihm auf: „Halten Sie sich in der

Nähe der Schiffswand auf, und kommen Sie zurück, wenn wir Sie rufen.“ Dann winkte er den Männern an den Davits, und sie ließen Nr. 1 – Fassungsvermögen 40 Personen – mit genau 12 Leuten an Bord zu Wasser.

Schmierer Walter Hurst beobachtete vom vorderen Welldeck aus, wie das Boot quietschend herabgelassen wurde. Er erinnert sich noch daran, daß er damals mit einiger Schärfe sagte: „Wenn Sie schon die Boote wegschicken, könnten Sie auch ruhig ein paar Leute hineintun.“

Unten in der Dritten Klasse befanden sich diejenigen, die nicht einmal Gelegenheit hatten, das Boot Nr. 1 zu versäumen. Ein Schwarm von Männern und Frauen drängte sich um den Fuß der Haupttreppe des Zwischendecks weit hinten auf dem E-Deck. Sie waren schon da, seit die Stewards sie geweckt hatten. Anfangs waren nur Frauen und Ehepaare da, aber dann kamen auch die Männer aus dem Vorschiff. Mit ihrem Gepäck kamen sie die „Scotland Road“ entlang. Jetzt waren sie alle zusammengedrängt – lärmend und ruhelos nahmen sie sich unter den niedrigen Decken mit den nackten Glühbirnen, eingeschlossen von nackten weißen Wänden, eher wie Häftlinge denn wie Passagiere aus.

Dritter-Klasse-Steward John Edward Hart mühte sich ab, sie in die Schwimmwesten zu bekommen. Viel Glück hatte er nicht damit – zum Teil, weil er ihnen gleichzeitig versicherte, daß keine Gefahr bestünde, zum Teil aber auch, weil viele von ihnen ohnehin kein Englisch verstanden. Dolmetscher Müller tat sein Bestes mit den Dutzenden von Finnen und Schweden, aber es ging nur langsam weiter.

Um 0.30 Uhr kam der Befehl, die Frauen und Kinder hinauf zum Bootsdeck zu schicken. Es war aussichtslos, zu hoffen, daß sie allein ihren Weg durch das Labyrinth der Gänge finden würden, die normalerweise hermetisch von der Dritten Klasse abgetrennt sind, also beschloß Hart, sie in kleinen Gruppen hinaufzuführen. Auch das brauchte seine Zeit, aber schließlich war doch ein Geleitzug organisiert und machte sich auf den Weg.

Es war eine lange Reise – die breite Treppe zum Gesellschaftsraum der Dritten Klasse auf dem C-Deck hoch ... quer über das offene Welldeck ... vorbei an der Bibliothek der Zweiten Klasse und in die Gänge der Ersten Klasse. Dann den langen Korridor entlang vorbei am Behandlungszimmer des Arztes, am privaten Salon der Zofen und Diener der Passagiere Erster Klasse und schließlich die große Treppe hinauf zum Bootsdeck.

Hart führte seine Gruppe zum Boot Nr. 8, aber selbst jetzt war seine Arbeit noch nicht zu Ende. Kaum hatte er sie im Boot, da sprangen sie schon wieder hinaus und liefen nach drinnen, wo es warm war.

Es war nach eins, als Hart wieder im E-Deck eintraf, um eine zweite Gruppe zu organisieren. Es war auch diesmal nicht leichter. Viele Frauen weigerten sich immer noch, mitzukommen. Andererseits bestanden einige Männer jetzt darauf, mitgehen zu dürfen. Aber das war in Anbetracht der Befehle, die er hatte, ausgeschlossen.

Endlich konnte er wieder die gleiche lange Reise antreten. Als er das Bootsdeck erreichte, war es 1.20 Uhr. Er führte die Gruppe zum Boot Nr. 15. Keine Zeit, um mehr Passagiere heraufzuführen. Murdoch befahl ihm, in das Boot zu gehen, und gegen 1.30 Uhr schwamm er mit seiner zweiten Gruppe auf dem Meer.

Es gab keinen streng durchgeführten Plan. Auf die eine oder andere Weise vermieden viele Zwischendeckspassagiere die Sackgasse auf dem E-Deck und fanden nach oben. Dort standen sie nun herum, und niemand war da, der ihnen half oder ihnen den Weg zeigte. Ein paar von den Barrieren, die ihr Zwischendecksreich begrenzten, waren gefallen. Wer diese Öffnungen fand, wanderte in andere Teile des Schiffes. Einige fanden schließlich den Weg zum Bootsdeck.

Aber die meisten Barrieren bestanden noch, und wer von den Zwischendeckspassagieren Gefahr witterte, wer die Boote suchte, der war ausschließlich auf seine eigene Findigkeit angewiesen.

Wie Ameisen auf der Wanderung schlängelte sich eine dünne Linie dieser Passagiere an einem Kran auf dem achteren Welldeck empor, kroch über den Ausleger in das Gebiet der Ersten Klasse, schwang sich von dort aus über die Reling und dann hinauf zum Bootsdeck.

Einige schlüpften unter einem Tau hindurch, das quer über das achtere Welldeck gespannt war und sie noch näher an das Heck herandrängte, als das die offiziellen Barrieren ohnehin taten. Aber sobald sie einmal dieses Hindernis genommen hatten, war es ziemlich leicht, die Treppe der Zweiten Klasse zu erreichen und den Weg zum Bootsdeck zu finden.

Andere erreichten auf irgendwelchen Wegen die Promenade der Zweiten Klasse auf dem B-Deck, wußten dann aber nicht weiter. In ihrer Verzweiflung versuchten sie es mit einer Rettungsleiter, die für die Besatzung gedacht war. Diese Leiter befand sich in der Nähe der hellerleuchteten Fenster des *à la carte*-Restaurants der Ersten Klasse. In diese Fenster schauten Anna Sjoblom und ein anderes Mädchen, die sich daran machten, die Leiter hinaufzuklettern. Sie bestaunten die für den nächsten Tag schon mit Porzellan und Silber prächtig gedeckte Tafel. Das andere Mädchen verspürte Lust, das Fenster einzutreten und in das Restaurant einzusteigen, aber Anna riet ihr davon ab mit dem Hinweis, daß die Gesellschaft von ihnen Schadenersatz verlangen könnte.

Viele männliche Zwischendeckspassagiere kletterten eine andere Rettungsleiter vom vorderen Welldeck aus empor und gelangten dann über die regelrechte Kajütentreppe der Ersten Klasse zu den Booten.

Andere trommelten gegen die trennenden Türen und verlangten durchgelassen zu werden. Als Dritter-Klasse-Passagier Daniel Buckley ein paar Stufen hinaufging, die zu einem Zugang zur Ersten Klasse führten, wurde der Mann vor ihm von einem wachestehenden Matrosen die Treppe wieder hinuntergeworfen. Wütend sprang dieser Passagier auf und rannte wieder die Treppe hinauf. Der Matrose sah, was kam, verschloß den Durchgang und floh. Der Passagier zertrümmerte das Schloß und raste durch die Tür. Mit wutheiserer Stimme zählte er auf, was er alles tun würde, wenn er den Matrosen erwische. Als diese Tür erst einmal gesprengt war, schwärmten Buckley und Dutzende andere in die Erste Klasse.

An einer anderen Barriere hielt ein Matrose Kathy Gilnagh, Kate Mullins und Kate Murphy zurück. (Auf der *Titanic* schienen alle jungen Mädchen aus Irland Katherine zu heißen.) Plötzlich baute sich Zwischendeckspassagier Jim Farell, ein stämmiger Ire aus der Heimatprovinz der Mädchen, vor dem Matrosen auf. „Großer Gott!" brüllte er. „Mann, mach das Schott auf, und laß die Mädchen durch!" Es war ein wunderbares Beispiel für die Macht der menschlichen Stimme. Zum Erstaunen der Mädchen trat der Matrose eingeschüchtert zur Seite.

Aber auf jeden Zwischendeckspassagier, der den Weg nach oben fand, kamen Hunderte, die ziellos umeinanderquirlten auf dem vorderen Welldeck ... dem Poop-Deck achtern ... oder am Fuß der E-Deck-Treppe. Einige verkrochen sich in ihre Kabinen – da fand der junge Martin Gallagher Mary Agatha Glynn und vier verzweifelte Frauen, mit denen sie die Kabine teilte. Er begleitete sie rasch zum Boot Nr. 13 und ging wieder zurück an Deck. Andere nahmen Zuflucht zum Gebet. Als Zwischendeckspassagier Gus Cohen etwa eine Stunde nach dem Zusammenstoß am Speisesaal der Dritten Klasse vorüberkam, sah er dort eine beträchtliche Anzahl von Menschen versammelt. Viele ließen den Rosenkranz durch die Finger gleiten.

Am schwersten hatte es das Personal des *à la carte-*

Restaurants der Ersten Klasse. Sie waren weder Fisch noch Vogel. Passagiere waren sie ganz offensichtlich nicht, aber technisch gehörten sie ebensowenig zur Besatzung. Das Restaurant wurde nicht von der White Star Line geführt, sondern vom Konzessionsinhaber Monsieur Gatti.

So kam es, daß die Angestellten überhaupt keinen offiziellen Status hatten. Hinzu kam noch, daß sie Franzosen und Italiener waren – im Jahre 1912 also Gegenstand tiefen angelsächsischen Argwohns.

Sie hatten vom ersten Augenblick an keine Chance. Steward Johnson erinnerte sich daran, daß er sie ängstlich zusammengedrängt unten bei ihrem Logis auf dem achteren E-Deck gesehen hatte. Direktor Gatti, seinem Chefkoch und dessen Assistent, Paul Maugé, gelang als einzigen der Rückzug zum Bootsdeck. Sie konnten passieren, weil sie zufällig gerade Zivil trugen, die Matrosen hielten sie für Passagiere.

Unten im Maschinenraum dachte niemand daran, wie er da wohl herauskommen könne. Verzweifelt kämpften hier Männer darum, den Dampfdruck zu halten . . . die Lichtanlage in Betrieb zu halten . . . die Pumpen zu überwachen. Chefingenieur Bell hatte alle wasserdichten Schotte vom Kesselraum Nr. 4 an nach achtern öffnen lassen – wenn das Wasser kam, konnte man sie immer noch wieder schließen; inzwischen erleichterten die geöffneten Schotte die Arbeit.

Schmierer Fred Scott mühte sich ab, um einen Mann zu befreien, der im achteren Tunnel hinter einem der Schotte gefangen war. Thomas Ranger schaltete den letzten der 45 Ventilatoren ab – sie verbrauchten zuviel Strom. Trimmer Thomas Patrick Dillon half beim Heranschleppen von Rohren bei den achteren Kammern, um die Kapazität der Saugpumpe im Kesselraum Nr. 4 zu erhöhen.

Hier war Trimmer Ge Cavell dabei, die Feuer zu löschen. Das bedeutete noch weniger Strom, aber es mußte verhindert werden, daß es beim Wassereinbruch in Nr. 4 zu einer Kesselexplosion kam. Es war gegen 1.20 Uhr, als er mit seiner Arbeit fast fertig war, daß er das Wasser durch die Fugen der metallenen Bodenplatten sickern sah. Cavell arbeitete schneller. Als das Wasser seine Knie erreichte, hatte er genug. Er hatte schon fast die letzte Sprosse der Rettungsleiter erreicht, als ihm der Gedanke kam, daß er dabei war, seine Kameraden im Stich zu lassen. Hastig kletterte er wieder hinab und stellte fest, daß sie auch verschwunden waren. Mit reinem Gewissen kletterte er wieder hinauf, diesmal endgültig.

Die meisten Boote hatten jetzt das Schiff verlassen. Eins nach dem anderen ruderten sie jetzt langsam von der *Titanic* weg, die Riemen polterten und klatschten in die ruhige, spiegelglatte See.

„Ich habe noch nie ein Ruder in der Hand gehabt, aber ich werde es wohl schaffen", sagte ein Steward zu Mrs. J. Stuart White, als Nr. 8 sich auf den Weg machte.

In allen Booten starrte man wie gebannt zur *Titanic* hinüber. Ihre hohen Masten, die vier großen Schornsteine hoben sich deutlich und schwarz gegen den klarblauen

Nachthimmel ab. Die hellen Promenadendecks, die langen Reihen der Bullaugen waren grell beleuchtet. Von den Booten aus konnte man die Menschen an der Reling sehen, man hörte die Ragtime-Musik in der stillen Nachtluft. Es schien unglaublich, daß mit diesem großen Schiff irgend etwas nicht in Ordnung sein sollte, und doch schwammen sie hier auf der See herum, und dort sah man ja das Schiff, ganz deutlich lag es mit dem Bug viel zu tief im Wasser. Strahlend erleuchtet vom Bug bis zum Heck, sah die *Titanic* aus wie eine Geburtstagstorte, die nicht aufgegangen war.

Schwerfällig entfernten sich die Boote. Diejenigen, die Befehl hatten, in der Nähe zu bleiben, stemmten sich jetzt in die Riemen. Andere, die den Auftrag hatten, zu dem Dampfer hinüberzurudern, dessen Lichter in der Ferne leuchteten, machten sich auf die quälende Reise.

Der Dampfer schien zum Verzweifeln nahe zu sein. So nahe, daß Captain Smith den Leuten in Boot Nr. 8 befahl, hinüberzurudern, die Passagiere abzusetzen und zurückzukehren, um neue zu holen. Etwa zur gleichen Zeit fragte er den Vollmatrosen Rowe, ob er morsen könne. Rowe erwiderte, daß er ein bißchen davon verstehe, und der Captain sagte: „Rufen Sie das Schiff, und wenn Sie Antwort erhalten, morsen Sie: ‚Hier *Titanic,* wir sinken, halten Sie bitte alle Boote bereit.‘ “

Boxhall hatte schon versucht, den Dampfer zu erreichen, aber Rowe war Feuer und Flamme, es selbst zu versuchen, vielleicht hatte er mehr Glück. In den Pausen zwischen den Raketen morste er nun immer wieder von neuem das Schiff an. Eine Antwort kam immer noch nicht. Dann sagte Rowe zu Captain Smith, er glaube, ein anderes Licht an Steuerbord zu sehen. Der alte Skipper sah angestrengt durchs Glas und sagte dann höflich zu Rowe, daß es ein Planet sei. Aber ihm gefiel der Eifer seines jungen Vollmatrosen, und er lieh Rowe das Glas, damit er sich selbst überzeugen könne.

Inzwischen feuerte Boxhall weiter Raketen ab, früher oder später mußten sie doch den Dampfer da drüben aufwecken.

Auf der Brücke der *Californian* zählten Zweiter Offizier Stone und Anwärter Gibson die Raketen – fünf bis 0.55 Uhr. Gibson versuchte es noch einmal mit seiner Morselampe, und um 1.00 Uhr hob er sein Glas an die Augen, um noch einmal hinüberzuschauen. Er sah gerade noch die sechste Rakete.

Um 1.10 Uhr pfiff Stone ins Sprachrohr, das zum Kartenzimmer hinabführte, und meldete Captain Lord, was er gesehen hatte. Der Captain rief zurück: „Sind es Reedereisignale?"

„Ich weiß es nicht", erwiderte Stone, „aber es scheinen mir weiße Raketen zu sein."

Der Captain empfahl ihm, weiter zu morsen.

Etwas später übergab Stone sein Glas dem Anwärter Gibson und sagte: „Schauen Sie sich jetzt einmal das Schiff an. Scheint mir zu tief im Wasser zu liegen – die Lichter sehen merkwürdig aus."

Gibson studierte das Schiff sorgfältig, es schien Schlagseite zu haben. Es hatte, wie er sich ausdrückte,

„eine dicke Seite aus dem Wasser". Und Stone, der neben ihm stand, bemerkte, daß die rote Positionslaterne des Schiffes verschwunden war.

„ICH GLAUBE, ES IST AUS MIT IHR, HARDY"

Die anderen Schiffe schienen ganz einfach nicht zu begreifen. Um 1.25 Uhr fragte die *Olympic:* „Halten Sie Südkurs, und kommen Sie uns entgegen?" Geduldig erklärte Phillips: „Wir lassen die Frauen in die Boote gehen."

Dann die *Frankfurt:* „Sind schon Schiffe bei Ihnen?" Phillips ignorierte diesen Ruf. Wieder die *Frankfurt* mit der Bitte um nähere Einzelheiten. Das war zuviel. Er sprang auf und schrie: „Der verdammte Dussel! Fragt an, ‚Was ist los, alter Junge?'" Dann hämmerte er wütend die Antwort: „Sie Dussel, halten Sie sich bereit, und quasseln Sie nicht so viel."

Von Zeit zu Zeit erschien Captain Smith – einmal, um dem Funker mitzuteilen, daß der Strom nachlasse . . . dann, um zu sagen, daß das Schiff sich nicht mehr lange halten könne . . . später, um zu melden, daß das Wasser den Maschinenraum erreicht hatte. Um 1.45 Uhr bat Phillips die *Carpathia:* „Kommen Sie so schnell wie möglich, alter Junge, Maschinenraum geflutet bis zu den Kesseln."

Bride drapierte einen Mantel über Phillips Schultern und brachte es dann sogar fertig, ihm eine Schwimmweste umzuschnallen. Ihm die Stiefel anzuziehen, war schon ein schwierigeres Problem. Phillips fragte, ob denn überhaupt noch Boote da seien – vielleicht brauchte er die Stiefel ja gar nicht.

Einmal übergab er Bride das Gerät und ging hinaus, um sich anzusehen, was da passierte. Kopfschüttelnd kam er zurück: „Sieht alles sehr sonderbar aus."

Und es sah wirklich sonderbar aus. Die See schwappte jetzt über das vordere Welldeck der *Titanic* . . . plätscherte um die Winschen, die Luken, unten um den Mast . . . spülte schon bis an den weißen Aufbau. Das Brüllen des Dampfers war erstorben, die nervenzermürbenden Raketen hatten aufgehört – aber die Neigung des Decks war steiler geworden, und das Schiff hatte eine üble Backbordschlagseite.

Gegen 1.40 Uhr brüllte Chief Officer Wilde: „Alle Mann an Steuerbord, um sie wieder aufzurichten!" Passagiere und Mannschaften trotteten hinüber, und die *Titanic* legte sich schwerfällig wieder gerade. Die Arbeit an den Booten wurde wieder aufgenommen.

Als Nr. 2 um 1.45 Uhr klar zum Abstoßen war, schrie Steward Johnson, dessen Taschen mit Orangen vollgestopft grotesk ausgebeult waren, zum Bootsdeck hinauf, daß er ein Rasiermesser brauche, um die Leinen zu kappen. Matrose McAuliffe warf ihm eins zu und rief: „Denk an mich in Southampton, und gib's mir dann wieder!" McAuliffe war wohl der letzte Mann an Bord der *Titanic,* der so sicher war, Southampton jemals wiederzusehen.

Der Erste Offizier Murdoch wußte es besser, was die

Uhr geschlagen hatte. Als er mit Chefsteward Hardy von der Zweiten Klasse an Deck entlangging, sagte er mit einem Seufzer: „Ich glaube, es ist aus mit ihr, Hardy."

Jetzt war es nicht mehr schwierig, die Leute zum Verlassen des Schiffes zu überreden. Paul Maugé, der Assistent des Küchenchefs, sprang drei Meter tief in ein baumelndes Boot. Irgend jemand auf einem tiefer gelegenen Deck versuchte ihn wieder herauszuzerren, aber er strampelte sich frei und war in Sicherheit.

Dritter-Klasse-Passagier Daniel Buckley – glücklich durch die eingeschlagene Tür auf dem Bootsdeck angelangt – verließ sich jetzt auf keinen glücklichen Zufall mehr. Mit mehreren anderen Männern sprang er in ein Boot und kauerte sich dort schluchzend nieder. Die meisten Männer wurden wieder herausgezerrt, aber irgendwoher hatte er einen Frauenschal erwischt. Er sagte, Mrs. Astor habe ihm den Schal um die Schultern gelegt. Wie dem auch sei, die Verkleidung erfüllte ihren Zweck.

Ein anderer junger Mann – eigentlich noch ein Junge – hatte weniger Glück. Fünfter Offizier Lowe entdeckte ihn unter einer Bank in Nr. 14. Er bat und flehte und sagte, daß er doch gar nicht viel Platz einnähme. Lowe zog die Pistole, aber der Junge bat nur noch inständiger. Dann wandte Lowe eine andere Taktik an und forderte ihn auf, sich wie ein Mann zu benehmen. Es wirkte. Der Junge verließ das Boot. Inzwischen waren Mrs. Charlotte Collyer und andere Frauen in dem Boot in Tränen ausgebrochen, und ihre achtjährige Tochter Marjorie stimmte in den allgemeinen Aufruhr ein. Sie zerrte am Arm und bat schluchzend: „Oh, Herr Offizier, bitte schießen Sie nicht auf den armen Mann!“

Lowe hielt lange genug inne, um zu lächeln und ihr beruhigend zuzunicken. Der Junge war ja jetzt ohnehin aus dem Boot heraus. Er lag mit dem Gesicht nach unten auf einem aufgeschossenen Tau.

Aber Nr. 14 war immer noch nicht klar. Eine neue Woge von Männern stürzte sich auf das Boot, Matrose Scarrott schlug sie mit der Ruderpinne zurück. Diesmal zog Lowe die Pistole und schrie: „Wenn das noch einmal jemand versucht, kriegt er das hier zu spüren!“ Dreimal schoß er an der Schiffseite entlang, als das Boot endlich auf die See aufklatschte.

Murdoch konnte nur mit knapper Not einen Sturm auf Nr. 15 verhindern. Er schrie der Menge zu: „Zurück! Zurück! Die Frauen zuerst!“

Ganz vorn gab es weitere Schwierigkeiten am Floß C, das in die Davits eingehängt worden war, die durch Boot Nr. 1 frei wurden. Eine Menschenmenge stieß und drängte nach vorn und versuchte, an Bord des Floßes zu klettern.

Zwei Männer ließen sich hinfallen. Zahlmeister Herbert McElroy schoß zweimal in die Luft. Murdoch schrie: „’raus da! Scheren Sie sich weg!“ Hugh Woolner und Bjornstrom Steffanson – angelockt durch das Aufblitzen der Pistole – kamen herbeigestürzt, um zu helfen. An Armen, Beinen und Leib zerrten sie die Übeltäter wieder aus dem Floß. Das Beladen ging weiter.

Jack Thayer stand ein wenig abseits mit Milton Long, einem jungen Mann aus Springfield, Massachusetts, den er erst am letzten Abend beim Kaffee kennengelernt hatte. Nach dem Zusammenstoß hatte sich Long, der allein reiste, der Familie Thayer angeschlossen, aber er und Jack hatten die älteren Thayers in der Menschenmenge auf dem A-Deck aus den Augen verloren. Jetzt waren sie allein und beratschlagten, was zu tun sei, angenommen, daß die anderen Familienmitglieder schon in den Booten seien. Sie beschlossen, die Finger von Floß C zu lassen. Bei dem fürchterlichen Aufruhr schien es ihnen sicher, daß das Floß kentern würde.

Aber sie irrten sich. Allmählich klärte sich die Lage, und schließlich war Floß C klar und konnte zu Wasser gelassen werden. Chief Officer Wilde schrie hinüber, wer denn eigentlich das Kommando habe. Captain Smith hörte das und wandte sich an den Vollmatrosen Rowe, der sich noch immer mit der Morselampe abmühte. Er befahl ihm, das Kommando zu übernehmen. Rowe sprang in das Floß und machte es klar zum Wegfieren.

In der Nähe stand Präsident Bruce Ismay und half beim Klarmachen des Floßes. Es war jetzt ruhiger als zu Anfang, als Lowe ihn angeschrien hatte – ja, er schien jeder Zoll ein anerkanntes Mitglied der Besatzung der *Titanic* zu sein.

Das war eine häufige Rolle für Ismay, aber keineswegs seine einzige. Manchmal zog er die Rolle des Passagiers vor. Bisher hatte er während der Reise mehrmals gewechselt.

In Queenstown war er eine Art Superkapitän. Er teilte dem Chefingenieur Bell mit, welche Geschwindigkeit er für die verschiedenen Abschnitte der Reise wünschte. Er setzte außerdem die Ankunftszeit in New York auf Mittwoch früh an Stelle von Dienstagabend fest. Er zog dabei Captain Smith nicht erst lange zu Rate.

Später, auf hoher See, war Ismay hauptsächlich Passagier. Er genoß die auserlesene Küche des *à la carte*-Restaurants ... er spielte Bridge ... labte sich an Tee und heißen Kuchen auf seinem Liegestuhl an der Backbordseite des A-Decks.

An diesem Sonntag war er immerhin Mannschaftsmitglied genug, um die Eiswarnung zu sehen, die von einem anderen Schiff eingetroffen war. In dem strahlend hellen, sonnigen Palmenhof gab ihm Captain Smith eine Warnung von der *Baltic* – übrigens rief in diesem Augenblick ein Trompetensignal die Passagiere zum Lunch. Am Nachmittag fischte Ismay – der die Leute gern daran erinnerte, wer er war – die Meldung aus der Tasche und hielt sie Mrs. Ryerson und Mrs. Thayer unter die Nase. Im Rauchsalon, vor dem Abendessen, als die Dämmerung draußen vor den rosa getönten Fenstern noch nicht der Nacht gewichen war, suchte Captain Smith die Meldung und bekam sie auch zurück. Dann spazierte Ismay hinab zum Restaurant, makellos in seinem eleganten Abendanzug, ganz der Passagier Erster Klasse.

Nach dem Zusammenstoß verwandelte er sich wieder in ein Mitglied der Besatzung – er ging mit dem

Captain auf die Brücke ... hielt eine Beratung mit Chefingenieur Bell ... und jetzt teilte er auf dem Bootsdeck Befehle aus, trotz des Anpfiffs, den er vom Fünften Offizier Lowe bezogen hatte.

Dann kam erneut eine Verwandlung. Im allerletzten Augenblick kletterte er plötzlich in das Floß C. Klatschend schlug es auf mit 42 Menschen an Bord, darunter Bruce Ismay – nichts weiter als ein bescheidener Passagier.

Die meisten Passagiere verhielten sich völlig anders. William T. Stead, unabhängig wie eh und je, saß allein im Rauchsalon der Ersten Klasse und las. Heizer Kemish, der ihn da sitzen sah, fand, er sähe ganz so aus, als wolle er da bleiben, ganz egal, was passierte.

Reverend Robert J. Bateman aus Jacksonville stand draußen und sah zu, wie seine Schwägerin, Mrs. Ada Balls, in eines der Boote ging. „Wenn ich dich in dieser Welt nicht wiedersehe", rief er ihr zu, „dann in der nächsten." Als das Boot dann mit einem Ruck zu Wasser gelassen wurde, riß er sich seine Krawatte vom Hals und warf sie ihr als Souvenir zu.

George Widener und John B. Thayer lehnten an der Reling des Bootsdecks und besprachen ruhig die Lage. Ganz im Gegensatz zu Jacks Vermutung saß sein Vater keineswegs sicher in einem der Boote, und er hatte auch nicht die Absicht, ein Boot zu betreten. Nicht weit davon standen Archie Butt, Clarence Moore, Arthur Ryerson und Walter Douglas schweigend zusammen. Major Butt war sehr ruhig, hatte keine Pistole, nahm keinen aktiven Anteil, trotz der Geschichten, die später umliefen und die wissen wollten, daß er praktisch das Kommando übernahm.

Weiter achtern stand Jay Yates – von dem es hieß, er sei ein Spieler und hoffe auf einen lohnenden Jungfernreisen-Coup –, allein und ohne Freund. Einer Frau, die in eins der Boote ging, gab er einen Zettel, den er aus seinem Notizbuch gerissen hatte. Unterzeichnet mit einem seiner Pseudonyme, lautete der Text: „Falls Sie gerettet werden, benachrichtigen Sie meine Schwester, Mrs. F. J. Adams aus Findlay, Ohio. Verloren. J. H. Rogers."

Eine mehr ins einzelne gehende Nachricht hatte Benjamin Guggenheim: „Falls mir etwas geschehen sollte, sagen Sie meiner Frau, daß ich versucht habe, meine Pflicht zu tun."

Und tatsächlich übertraf Guggenheim fast sich selbst. Verschwunden war der Sweater, den Steward Etches ihm aufgedrängt hatte. Verschwunden war auch seine Schwimmweste. Statt dessen standen er und sein Diener jetzt in elegantem Abendanzug da. „Wir haben unsere besten Kleider angezogen", erklärte er, „und wir sind bereit, als Gentlemen in die Tiefe zu gehen."

Auch einige Paare waren da. Die Allisons standen lächelnd auf dem Promenadendeck. Mrs. Allison hielt die kleine Lorraine an der einen, ihren Mann an der anderen Hand. Das Ehepaar Straus lehnte an der Bootsdeckreling und umschlang sich. Ein junges Ehepaar aus dem amerikanischen Westen wartete in der Nähe, und als Lightoller die junge Frau fragte, ob er sie in ein Boot bringen solle, antwortete sie ihm fröhlich: „Auf gar keinen Fall, mein Lieber. Wir haben zusammen angefangen, und wenn es sein muß, machen wir auch zusammen Schluß."

Archibald Gracie, Clinch Smith und ein Dutzend andere Passagiere der Ersten Klasse halfen der Besatzung beim Bemannen der letzten Boote. Als sie Miß Constance Willard aus Duluth, Minnesota, halfen, lächelten sie ihr zu und sagten ihr, sie solle tapfer sein. Sie bemerkte, daß ihnen der Schweiß in dicken Tropfen auf der Stirn stand.

Auch Lightoller schwitzte. Er zog seinen schweren Mantel aus. Auch als er nur noch Sweater und Pyjama anhatte, blieb er durchnäßt vom Schweiß, weil er mit höchster Anstrengung arbeitete. Er sah in dieser bitterkalten Nacht so seltsam aus, daß Unterarzt Simpson, ganz der unverwüstliche Spaßvogel, ihm zurief: „Hallo, Lights, ist dir warm?"

Der Unterarzt stand neben dem alten Dr. O'Loughlin, Zahlmeister McElroy und Hilfszahlmeister Barker. Lightoller stellte sich einen Augenblick zu ihnen. Sie gaben sich alle die Hand und sagten: „Auf Wiedersehen."

Für mehr Worte war keine Zeit. Ein Blick in den Treppenschacht – Lightoller sah, daß das Wasser jetzt das C-Deck erreicht hatte ... es stieg rasch. Aber noch leuchteten die Lichter hell ... die Kapelle spielte immer noch Ragtime ... der Rhythmus war immer noch lebhaft und lustig.

Nur noch zwei Boote. Das eine, Nr. 4, hatte die ganze Nacht nichts als Schwierigkeiten gemacht. Vor mehr als einer Stunde hatte Lightoller es zum A-Deck herabgelassen in der Absicht, es von dort aus zu beladen, aber die Fenster waren alle geschlossen. Dann bemerkte irgend jemand, daß die Lotspiere der *Titanic* genau unter dem Boot herausragten. Matrose Sam Parks und Storekeeper Jack Foley gingen hinunter, um die Spiere wegzuschlagen, aber sie fanden nicht gleich eine Axt. Die Zeit verging. Lightoller lief zu den anderen Booten – dieses konnte er ja später auch noch beladen.

Inzwischen vertraten sich die Passagiere, die darauf warteten, in das Boot Nr. 4 steigen zu können, die Beine. Und es waren sehr prominente Beine. Die Astors, Wideners, Thayers, Carters und Ryersons blieben beieinander. Als Lightoller zum erstenmal Befehl zum Beladen des Bootes gab, gingen Frauen, Kinder, Zofen und Kinderschwestern hinab zum Promenadendeck, um in geschlossener Gruppe einzusteigen. Als sie sahen, daß es nicht ging, blieben sie einfach an Ort und Stelle stehen und warteten.

Allmählich erschienen auch fast alle Familienoberhäupter, und über eine Stunde lang stand die Creme der Gesellschaft New Yorks und Philadelphias da herum, während die Fenster geöffnet und die Lotspiere weggeschlagen wurden. Einmal wurden sie zurück aufs Bootsdeck befohlen, aber Zweiter Steward Dodd schickte sie gleich wieder zurück. Gereizt rief Mrs. Thayer: „Sagen Sie uns, wohin wir gehen sollen, und wir werden es schon tun! Erst holen Sie uns hier herauf, und nun schicken Sie uns wieder zurück!“

Es war 1.45 Uhr, als Lightoller zurückkam. Jetzt

stand er da mit einem Bein in Nr. 4, mit dem anderen auf einem offenen Fensterrahmen. Irgend jemand stellte Deckstühle an die Reling als Treppenersatz. Die Männer standen bereit, um den Frauen und Kindern durch die Fenster zu helfen.

John Jacob Astor half seiner Frau beim Einsteigen und fragte dann, ob er mit ihr gehen dürfe. Sie sei, wie er sich ausdrückte, „in empfindlichen Umständen".

„Nein, Sir", erwiderte Lightoller. „Kein Mann darf diese Boote betreten, bevor nicht alle Frauen in Sicherheit sind."

Astor erkundigte sich nach der Nummer des Bootes, und Lightoller erwiderte: „Nummer 4." Oberst Gracie war überzeugt davon, daß Astor nur gefragt hatte, um später seine Frau leichter wiederzufinden. Lightoller war überzeugt davon, er habe die Absicht gehabt, sich später zu beschweren.

Dann kamen die Ryersons an die Reihe. Arthur Ryerson bemerkte, daß ihre französische Zofe Victorine keine Schwimmweste hatte. Rasch streifte er seine eigene ab und schnallte sie ihr an. Als Mrs. Ryerson ihren Sohn Jack an das Fenster führte, rief Lightoller: „Der Junge da darf nicht ins Boot!"

Mr. Ryerson trat empört vor: „Natürlich geht der Junge mit seiner Mutter – er ist erst 13." Sie ließen ihn passieren, aber Lightoller grollte: „Keine Jungens mehr."

Um 1.55 Uhr wurde Nr. 4 zu Wasser gelassen – und es waren nur noch fünf Meter bis zum Wasser. Mrs. Ryerson war entsetzt, als sie sah, wie tief das

Schiff schon im Wasser lag. Sie beobachtete, wie die See sich in die großen, rechteckigen Fenster auf dem C-Deck ergoß und um die antiken Möbel in den Luxuskabinen wirbelte. Dann blickte sie hoch zum Promenadendeck. Mr. Ryerson stand da noch immer mit Mr. Widener an der Reling und sah hinab zu dem Boot. Sie schienen völlig ruhig zu sein.

Nur ein Boot noch. Floß D war jetzt in die Davits von Boot Nr. 2 gehängt und zum Beladen klar. Keine Zeit war mehr zu verlieren. Die Lichter begannen rötlich zu glimmen, irgendwo tief unten zerschmetterte Porzellan. Jack Thayer sah einen Mann mit einer vollen Flasche Gordon's Gin vorübertorkeln. Er setzte sie an die Lippen und trank sie in einem Zug leer. „Wenn ich jemals heil hier 'rauskomme – da steht ein Mann, den ich nie wiedersehen werde.“ (Er war dann einer der ersten Überlebenden, die Thayer traf.)

Lightoller ließ sich auf keinen Zufall ein. Die meisten Passagiere waren nach achtern gegangen, aber immerhin – ein Boot ... 47 Plätze ... 1600 Menschen. Er ließ die Mannschaft mit untergehakten Armen einen weiten Kreis um Floß D bilden. Nur Frauen konnten den Sperrgürtel passieren.

Zwei winzig kleine Jungen wurden von ihrem Vater bis zu dem Sperrgürtel getragen und dann weitergereicht in das Floß. Der Vater trat zurück und mischte sich wieder unter die Menge. Er nannte sich „Mr. Hoffmann“ und erzählte den Leuten, daß er mit den kleinen Jungen auf der Reise nach Amerika sei, um Verwandte zu besuchen. In Wirklichkeit hieß er

Navratil, und er hatte die Kinder seiner getrennt von ihm lebenden Frau entführt.

Henry B. Harris, der Theater-Producer, begleitete seine Frau bis an den Sperrgürtel, wo man ihm sagte, daß er nicht weitergehen dürfe. Er seufzte: „Ja, ich weiß. Ich bleibe hier."

Oberst Gracie kam mit Mrs. John Murray Brown und Miß Edith Evans angelaufen, zwei von den fünf „unbeschützten Damen", denen er seine Dienste für die Reise angeboten hatte. Auch er wurde an der Absperrung aufgehalten, sorgte aber dafür, daß die Frauen ins Floß gelangten. Sie erreichten das Floß D just in dem Augenblick, als es herabgelassen werden sollte. Miß Evans wandte sich an Mrs. Brown: „Sie gehen zuerst. Auf Sie warten Kinder zu Hause."

Rasch half sie Mrs. Brown über die Reling. Dann schrie jemand ein Kommando, und um 2.05 Uhr sank Floß D – das letzte Boot von allen – rasch hinab auf die See – ohne Edith Evans.

Unmittelbar darunter standen Hugh Woolner und Bjornstrom Steffanson allein an der Reling. Es war keine leichte Nacht gewesen – sie hatten Mrs. Candee geholfen ... versucht, Mr. und Mrs. Straus zu retten ... die Feiglinge aus Floß C gezerrt. Jetzt standen sie auf dem A-Deck und versuchten, jemand anderen zu finden, dem sie helfen konnten, aber das Deck war vollständig verlassen. Die Lampen brannten nur noch schwach mit einem rötlichen Schein.

„Hier wird's jetzt ziemlich brenzlig", meinte Woolner. „Kommen Sie, wir verschwinden da durch die Tür am Ende.“ Sie wanderten nach vorn zum offenen Teil des Promenadendecks. Als sie es erreicht hatten, ergoß sich die See auf das Deck, hinweg über ihre Pumps und hinauf bis zu ihren Knien. Sie hüpften auf die Reling. In drei Meter Entfernung sahen Sie Floß D an der Seite des Schiffes herniedergleiten. Es war ein Fall von jetzt oder nie.

„Wir springen!“ schrie Woolner, „da ist noch genug Platz im Bug!“ Steffanson schleuderte sich hinüber zu dem Floß und landete kopfüber im Bug. In der nächsten Sekunde folgte Woolner und hing halb im Floß, halb draußen. Einen Augenblick später setzte Floß D auf und stieß ab. Als es anfing, sich von der *Titanic* zu lösen, rief Matrose William Lucas zu Miß Evans, die immer noch an Deck stand, hinauf: „Da ist für Sie noch ein anderes Boot, das zu Wasser gelassen wird!“

„SO IST ES, WENN SOLCHE DINGE GESCHEHEN“

Nun, da alle Boote zu Wasser gelassen waren, kam eine merkwürdige Stille über die *Titanic.* Die Aufregung und das Durcheinander waren vorbei, und Hunderte, die zurückgeblieben waren, standen schweigend auf den oberen Decks. Sie schienen sich nach innenbords zusammenzudrängen, sie versuchten, so weit wie möglich von der Reling wegzukommen.

Jack Thayer blieb mit Milton Long an der Steuerbordseite des Bootsdecks. Sie betrachteten eingehend einen leeren Davit und benutzten ihn als Visier gegen den Himmel, um festzustellen, wie rasch das Schiff sinke. Sie beobachteten die aussichtslosen Bemühungen, zwei Flöße klarzumachen, die auf dem Dach des Offizierslogis festgezurrt waren. Sie tauschten Botschaften für ihre Familien aus. Manchmal standen sie nur einfach da und schwiegen.

Thayer dachte an all das Schöne, das er erlebt hatte, und an all die zukünftigen Freuden, die er genießen würde. Er dachte an seinen Vater und seine Mutter, an seine Schwestern und seinen Bruder. Er fühlte sich weit entrückt, als sähe er dem allen nur aus der Ferne zu. Er tat sich selbst sehr, sehr leid.

Oberst Gracie, der ein paar Meter von ihm entfernt stand, fühlte sich seltsam außer Atem. Später erklärte er ziemlich geschwollen, daß es jenes Gefühl gewesen sei, wenn „*vox faucibus haesit* (wenn ‚die Stimme am Schlund klebt'), wie es häufig den alten Helden von Troja seligen Schulzeitgedenkens geschah". Als er damals an Deck stand, sagte er nur zu sich selbst: „Auf Wiedersehen, ihr Lieben zu Hause."

In der Funkerbude hatte man weder für Selbstmitleid noch für *vox faucibus haesit* Zeit. Phillips arbeitete immer noch mit dem Gerät, aber die Spannung war sehr gering. Bride stand neben ihm und beobachtete die Leute, die das Offizierslogis und die Turnhalle nach zusätzlichen Schwimmwesten durchsuchten.

Es war 2.05 Uhr, als Captain Smith den Funkraum

zum letztenmal betrat: „Männer, ihr habt eure Pflicht getan. Mehr könnt ihr nicht tun. Verlaßt eure Kabine. Jetzt muß jedermann für sich selbst sorgen."

Phillips blickte eine Sekunde lang auf, dann beugte er sich wieder über sein Gerät. Captain Smith versuchte es noch einmal: „Sorgen Sie jetzt für sich selbst. Ich entbinde Sie von Ihrer Pflicht." Eine Pause entstand, dann fügte er leise hinzu: „So ist es, wenn solche Dinge geschehen . . ."

Phillips arbeitete weiter. Bride begann, ihre Papiere zusammenzuraffen. Captain Smith kehrte auf das Bootsdeck zurück, ging hin und her und sprach zwanglos mit verschiedenen Männern. Zum Heizer James McGann: „Also Junge, jetzt sorgt jeder für sich selbst." Und wieder zu Öler Alfred White: „Also Junge, es ist jetzt soweit, jetzt sorgt jeder für sich selbst." Zu Steward Edward Brown: „Also Junge, tut euer Bestes für die Frauen und Kinder, und paßt auf euch selbst auf." Zu den Männern auf dem Dach des Offizierslogis: „Ihr habt eure Pflicht getan, Jungs." Und jetzt: „Jeder Mann sorgt für sich selbst."

Dann ging er zurück auf die Brücke.

Einige Männer nahmen den Captain beim Wort und sprangen über Bord. Nachtbäcker Walter Belford sprang so weit hinaus wie er konnte und ließ sich dann in sitzender Stellung wie eine Kanonenkugel ins Wasser fallen. Er schauert immer noch und zieht scharf die Luft durch die Zähne ein, wenn er an die stechende Kälte denkt. Schmierer Fred Scott, gerade aus dem Kesselraum Nr. 4 herausgekommen, versuchte, an einem leeren Fall hinabzugleiten, griff daneben und machte einen Bauchklatscher ins Meer. Er wurde von Boot Nr. 4 an Bord genommen, das sich noch in der Nähe des Schiffes bereithielt, aber versuchte, von den Fässern und Deckstühlen klarzukommen, die jetzt in die See taumelten. Steward Cunningham machte einen mächtigen Satz und brachte es ebenfalls fertig, Nr. 4 zu erreichen.

Aber die meisten Besatzungsmitglieder blieben auf dem Schiff. Auf dem Offizierslogis sah Lightoller den Trimmer Hemming bei der Arbeit an einem der hoffnungslos in einem Taugewirr verstrickten Flöße . . . dabei hätte Hemming längst als Besatzungsmitglied des Bootes Nr. 6 von Bord sein sollen.

„Warum sind Sie nicht gegangen, Hemming?"

„Ach, noch viel Zeit, Sir."

Nicht weit davon sahen zwei junge Stewards müßig Lightoller, Hemming und den anderen bei der Arbeit zu. In dem schwächer werdenden Licht des Bootsdecks stachen ihre gestärkten weißen Jacketts scharf hervor, als sie da an der Reling lehnten und darüber debattierten, wie lange sich das Schiff noch halten könne. Verstreut über das Bootsdeck, waren einige 15 Pagen der Ersten Klasse ebenso ruhig und gelassen – sie schienen sich diebisch darüber zu freuen, daß niemand mehr sich darum kümmerte, ob sie rauchten. Ganz in der Nähe erläuterte Turnlehrer T. W. McCawley, ein quicklebendiger kleiner Mann in weißen Flanellhosen, warum er keine Schwimmweste anziehe – gewiß, sie hält einen über Wasser, aber das geht auf Kosten der Beweglichkeit; er war der Meinung, er könne rascher vom Schiff freikommen ohne Schwimmweste.

Neben dem vorderen Eingang zum großen Treppenhaus, zwischen dem ersten und zweiten Schornstein, fiedelte die Kapelle – die Musiker hatten jetzt Schwimmwesten über ihre Mäntel gezogen – fröhlich ihren Ragtime herunter.

Die Passagiere waren nicht minder ruhig, wenn es auch unter ihnen einige Springer gab. Frederick Hoyt sorgte dafür, daß seine Frau ins Floß D kam, sprang dann über Bord und schwamm dahin, wo seiner Meinung nach das Floß vorbeikommen müsse. Er hatte richtig geraten. Nach wenigen Minuten kam Floß D mit klatschenden Ruderschlägen vorbei, und er wurde innenbords gezerrt. Für den Rest der Nacht saß er da, bis auf die Haut durchnäßt, und ruderte wie besessen, um nicht zu erfrieren.

Aber größtenteils standen die Passagiere einfach an Deck herum und warteten, oder sie gingen hin und her über das Bootsdeck. Die Gesellschaft von New York und Philadelphia blieb auch weiterhin unter sich – John B. Thayer, George und Harry Widener, Duane Williams bildeten ein kleines Knäuel . . . mindere Leutchen wie Clinch Smith und Oberst Gracie schwebten in der Nähe. Astor hielt sich ziemlich abseits, und das Ehepaar Straus setzte sich auf einen Deckstuhl.

Jack Thayer und Milton Long debattierten darüber, ob sie springen sollten. Der Davit, den sie gleichsam als Sternenpegel benutzten, zeigte an, daß die *Titanic* jetzt schon viel schneller sank. Thayer wollte hinausspringen, ein leeres Rettungsbootfall greifen, zum Wasser hinabgleiten und zu den Booten hinausschwimmen, die er undeutlich in 500 oder 600 Meter Entfernung erkennen konnte. Er war ein guter Schwimmer. Long, nicht annähernd so gut im Schwimmen, sprach sich gegen den Plan aus und überredete Thayer dazu, nicht den Versuch zu machen.

Weiter vorn lieh Oberst Gracie den Männern, die sich mit dem auf dem Dach des Offizierslogis festgezurrten Floß abmühten, sein Taschenmesser. Ihre Arbeit war ungeheuer schwierig, und Oberst Gracie fragte sich, warum sie wohl diese Schwierigkeiten hatten.

Einige Dritte-Klasse-Passagiere hatten inzwischen einen Weg zum Bootsdeck gefunden, andere bewegten sich zu dem langsam emporsteigenden Heck hin. Das achtere Poop-Deck, normalerweise für die Dritte Klasse reserviert, erschien plötzlich allen möglichen Leuten sehr attraktiv.

Olaus Abelseth gehörte zu denen, die das Bootsdeck erreichten. Den größten Teil des Abends hatte er ganz achtern mit seinem Vetter, seinem Schwager und den beiden Norwegerinnen verbracht. Zusammen mit anderen Männern und Frauen aus dem Zwischendeck hatten sie ohne Plan und Ziel darauf gewartet, daß jemand käme und ihnen sagte, was sie tun sollten.

Gegen 1.30 Uhr öffnete ein Offizier die Verbindungstür zur Ersten Klasse und befahl den Frauen, sich aufs Bootsdeck zu begeben. Um 2.00 Uhr durften auch die Männer hinauf. Viele zogen es jetzt vor, zu bleiben, wo sie waren – jeder sah, daß dies der Teil des Schiffes war, der bis zuletzt über Wasser bleiben würde. Abelseth, sein Vetter und sein Schwager gingen jedoch hinauf, weil sie es für möglich hielten, daß vielleicht doch noch ein Boot da sei. Das letzte entfernte sich gerade vom Schiff.

Also blieben sie da oben stehen, ebenso voll Sorge darüber, daß sie sich auf Erster-Klasse-Gebiet befanden, wie über die Umstände, die sie dahin geführt hatten. Abelseth beobachtete die Besatzungsmitglieder, die versuchten, die Flöße klarzumachen. Einmal rief ein Offizier, der nach zusätzlichen Arbeitskräften Ausschau hielt: „Sind hier irgendwo Seeleute dabei? “

Abelseth hatte 16 seiner 27 Jahre auf See verbracht und fand, daß er sich melden müsse. Aber sein Vater und sein Schwager beschworen ihn: „Nein, laßt uns hier zusammenbleiben.“

Und das taten sie dann. Sie waren etwas verlegen und sagten wenig. Sie wurden noch verlegener, als Mr. und Mrs. Straus in Hörweite kamen. „Bitte“, sagte der alte Herr, „geh in ein Rettungsboot, und laß dich retten.“

„Nein, laß mich bei dir bleiben“, erwiderte sie. Abelseth drehte sich um und blickte in die andere Richtung.

Im Innern des Schiffes übte die lastende Stille der verlassenen Räume ihre eigene dramatische Wirkung aus. Die kristallenen Kronleuchter des *à la carte*-Restaurants hingen in einem irren Winkel zur Decke, aber sie strahlten noch helles Licht aus und beleuchteten die rehbraunen Paneele aus französischer Walnuß und die rosenfarbenen Teppiche. Einige der kleinen Tischlampen mit den rosa Seidenschirmen waren umgestürzt, und irgend jemand wühlte im Anrichteraum herum, vielleicht auf der Suche nach einem stärkenden Schluck.

Der Salon im Stile Ludwigs XV. war still und leer. Auch der Palmenhof war verlassen – ein Mann, der ihn rasch passierte, konnte einfach nicht glauben, daß er noch vor knapp vier Stunden nur so wimmelte von auserlesen gekleideten Damen und Herren, die nach dem Abendessen hier ihren Mokka schlürften und der Kammermusik lauschten, die von denselben Männern gespielt wurde, die jetzt oben auf dem Bootsdeck fröhliche Songs ertönen ließen.

Der Rauchsalon war nicht völlig verödet. Als ein Steward um 2.10 Uhr hineinsah, bemerkte er zu seinem Erstaunen Thomas Andrews, der hier ganz allein in diesem Raum stand. Andrews' Schwimmweste war nachlässig auf einen mit grünem Tuch bespannten Kartentisch geworfen. Er hatte die Arme vor der Brust gekreuzt, sein Gesichtsausdruck verriet äußerste Bestürzung, ja Betäubung, und all sein Schwung und seine Energie waren dahin. Ein Augenblick furchtbaren Schweigens, dann raffte sich der Steward auf und sagte schüchtern: „Mr. Andrews, wollen Sie nicht vielleicht doch versuchen –?"

Es kam keine Antwort, nichts zeigte ihm, daß Andrews seine Worte überhaupt gehört hatte. Der Erbauer der *Titanic* starrte nur nach achtern. An der mahagonigetäfelten Wand vor seinen Augen hing ein großes Gemälde mit dem Titel: „Die Ankunft in der Neuen Welt".

Draußen auf den Decks wartete immer noch die Menge, und immer noch spielte die Kapelle. Einige beteten mit dem Reverend Thomas R. Byles, einem Passagier der Zweiten Klasse. Andere schienen tief in Gedanken versunken zu sein.

Und es gab viel, über das man nachdenken konnte. Für Captain Smith waren es die fünf Eiswarnungen, die er während des Tages erhalten hatte – die letzte teilte genau mit, wo mit dem Eisberg zu rechnen sei. Und da war das Thermometer, das von 6 Grad Celsius um 19.00 Uhr auf den Gefrierpunkt um 22.00 Uhr gesunken war. Und die Wassertemperatur, die um 22.30 Uhr nur noch –0,5 Grad Celsius betrug.

Funker Jack Phillips konnte über die sechste Eiswarnung nachgrübeln – als die *Californian* sich um 23.00 Uhr eingeschaltet hatte und Phillips ihr empfohlen hatte, den Mund zu halten. Diese Meldung hatte die Brücke nie erreicht.

George Q. Clifford aus Boston hatte die nicht eigentlich tröstliche Genugtuung, unmittelbar vor Antritt der Reise eine zusätzliche Lebensversicherung über 50.000 Dollar abgeschlossen zu haben.

Isidor Straus konnte an jene Stelle in seinem Testament denken, die an seine Frau gerichtet war und in der er ihr ans Herz legte: „Sei ein wenig egoistischer, denk nicht immer nur an die anderen.“ In all den Jahren ihres gemeinsamen Lebens war sie so selbstlos gewesen, daß er ihr ausdrücklich seinen Wunsch hatte mitteilen wollen, daß sie das Leben noch genießen solle nach seinem Tode. Jetzt bedeuteten gerade diese Eigenschaften, die er an ihr so bewunderte, daß sein Wunsch nie in Erfüllung gehen sollte.

In einem Augenblick wie diesem konnten auch kleine Dinge wieder in der Erinnerung auftauchen und einen heimsuchen. Edith Evans mußte an eine Wahrsagerin denken, die einmal zu ihr gesagt hatte, sie solle sich „vor dem Wasser hüten". William T. Stead konnte den Gedanken an einen Traum nicht loswerden, in dem er gesehen hatte, wie jemand Katzen aus dem obersten Stock eines Hauses geworfen hatte. Charles Hays hatte nur wenige Stunden vorher prophezeit, daß bald die Zeit reif sein würde für „die größte und erschütterndste aller Schiffskatastrophen".

Und zwei Männer fragten sich wohl, warum sie überhaupt hier waren. Archie Butt hatte nicht ins Ausland fahren wollen, aber er brauchte Erholung, und Frank Millet hatte Präsident Taft so lange zugesetzt, bis er ihn mit einer Botschaft zum Papst schickte – eine Dienstreise, gewiß, aber in Rom war Frühling. Chief Officer Wilde hatte auch nicht geplant, an Bord zu sein. Er gehörte zur *Olympic,* aber die White Star Line hatte ihn in letzter Minute für diese eine Reise auf die *Titanic* geschickt. Man erwartete, daß seine reiche Erfahrung bei der Einarbeitung des neuen Schiffes von Nutzen sein würde. Wilde hatte sich sehr darüber gefreut.

In der Funkerbude mühte sich Phillip damit ab, sein Gerät in Gang zu halten. Um 2.10 Uhr sendete er zweimal schwach V – schwach aufgefangen von der *Virginian* –, als er versuchte, das Funkgerät besser einzustellen. Bride unternahm einen letzten Erkundungsgang. Als er zurückkam, fand er eine der Ohnmacht nahe Frau, die man in die Funkerbude getragen hatte. Er beschaffte einen Stuhl für sie und ein Glas Wasser, und schwer atmend saß sie da, während ihr Mann ihr Luft zufächelte. Sie kam wieder zu sich, und der Mann ging mit ihr wieder hinaus.

Bride ging hinter den Vorhang, der die Schlafstelle der Funker von dem Funkraum abtrennte. Er raffte alles lose Geld zusammen, warf einen letzten Blick auf seine unordentliche, zerwühlte Koje und erschien wieder auf der anderen Seite des Vorhangs. Phillips saß immer noch tief über sein Gerät gebeugt da, völlig vertieft in seine Aufgabe. Aber es war noch jemand im Raum. Ein Heizer löste behutsam Phillips Schwimmweste.

Bride sprang den Heizer an, Phillips fuhr hoch, und die drei Männer rangen miteinander. Schließlich gelang es Bride, den Mann von hinten zu umklammern, und Phillips versetzte ihm einen Schwinger nach dem anderen, bis der Heizer bewußtlos in Brides Armen zusammensackte.

Eine Minute später hörten sie, wie das Wasser gurgelnd die Kajütentreppe im A-Deck emporkam und die Brücke überspülte. Phillips rief: „Komm mit, 'raus hier!“ Bride ließ den Heizer fallen, und die beiden Männer liefen hinaus auf das Bootsdeck. Der Heizer blieb liegen, wohin er gefallen war.

Phillips verschwand achtern, Bride ging nach vorn und gesellte sich zu den Männern, die auf dem Dach des Offizierslogis versuchten, die Flöße A und B klarzumachen. Es war der reine Hohn, hier Flöße zu verstauen – besonders wenn es nur 20 Boote gab für 2207 Menschen. Infolge der Neigung des Decks war es schon schwierig genug gewesen, C und D flottzumachen, die beiden Flöße, die unmittelbar neben den vorderen Davits verstaut gewesen waren. Es war unmöglich mit A und B viel anzufangen. Aber die Männer ließen sich nicht entmutigen. Wenn die Flöße nicht zu Wasser gelassen werden konnten, dann mußte man eben warten, bis das Wasser zu ihnen kam. So schufteten sie denn weiter – Lightoller, Murdoch, Trimmer Hemming, Steward Brown, Schmierer Hurs und ein Dutzend andere.

An Backbord mühte sich Hemming mit dem Flaschenzug für Floß B ab. Wenn es ihm nur gelingen würde, ein fürchterliches Geschlinge im Fall auszubügeln, meinte er, dann könnte man das Floß auch jetzt noch zu Wasser lassen. Schließlich hatte er die Leinen in Ordnung. Er reichte dem Sechsten Offizier Moody den Flaschenzug aufs Dach hinauf, aber Moody rief zu ihm hinab: „Wir brauchen den Flaschenzug nicht, wir lassen das Floß auf dem Deck."

Hemming hielt es für aussichtslos, denn so würde Floß B nie klarkommen. Also sprang er über Bord und schwamm um sein Leben. Inzwischen hatten die Männer das Floß bis an den Rand des Daches vorgeschoben und ließen es über einige Riemen aufs Deck hinabgleiten. Es landete kieloben.

An Steuerbord machte Floß A nicht weniger Schwierigkeiten. Irgend jemand hatte Planken schräg gegen die Wand des Offizierslogis gestellt, und vorsichtig ließen sie das Floß mit dem Bug voran hinunter. Aber damit war immer noch längst nicht die Rettung in Sicht, denn die *Titanic* hatte jetzt schwere Backbordschlagseite, und es gelang nicht, das Floß „bergauf" an die Deckskante zu schieben.

Die Männer zerrten an den beiden Flößen herum, als um 2.15 Uhr die Brücke untertauchte und das Wasser über das Bootsdeck hinweg nach achtern spülte. Oberst Gracie und Clinch Smith machten kehrt und liefen in Richtung Heck. Ein paar Schritte, und eine Schar von Menschen, die von unten heraufkam, versperrte ihnen plötzlich den Weg. Es schienen alles Zwischendeckspassagiere zu sein.

In diesem Augenblick klopfte Kapellmeister Hartley auf den Boden seiner Geige. Die Ragtime-Musik verstummte, und die Klänge der Episkopalhymne „Herbst" fluteten über das Deck und trieben in der stillen Nacht weit hinaus über das Wasser.

In den Booten lauschten die Frauen wie auf etwas Wunderbares. Der Augenblick war, in einiger Entfernung miterlebt, von einer qualvollen Majestät. Dicht dabei, an Ort und Stelle, war das anders. Die Männer konnten die Musik hören, aber sie schenkten ihr wenig Aufmerksamkeit. Es geschah zuviel.

„Oh, helfen Sie mir! Helfen Sie mir!" flehte eine Frau Peter Daly an, Vertreter der Londoner Firma Haes & Sons in Lima, als er beobachtete, wie das Wasser auf das Deck flutete, auf dem er stand.

„Gute Frau“, antwortete er, „helfen Sie sich selbst. Nur Gott kann Ihnen jetzt helfen.“

Aber sie bat ihn, ihr beim Absprung zu helfen, und er sah jetzt ein, daß er das Problem nicht so einfach von sich abwälzen könne. Rasch faßte er sie am Arm und half ihr über Bord. Als er selbst sprang, fegte eine mächtige Woge über das Bootsdeck und spülte ihn frei von dem Schiff.

Die See schäumte und wirbelte um Steward Browns Füße, als er im Schweiße seines Antlitzes versuchte, Floß A an den Rand des Decks zu schaffen. Dann wurde ihm klar, daß er sich nicht mehr abzumühen brauche – das Floß schwamm bereits. Er sprang hinein ... kappte die Heckleinen ... schrie irgend jemandem zu, den Bug loszumachen ... und wurde im nächsten Augenblick von derselben Woge hinausgespült, die auch Peter Daly erfaßt hatte.

Tiefer, tiefer tauchte der Bug der *Titanic*, und langsam hob sich ihr Heck. Sie schien sich auch vorwärts zu bewegen. Diese Bewegung war es, die die Woge entstehen ließ, von der Daly, Brown und – je weiter sie nach achtern rollte – Dutzende anderer getroffen wurden.

Lightoller beobachtete die Woge vom Dach des Offizierslogis. Er sah, wie die Menge vor ihr auf das Deck zurückwich. Er sah, wie die Flinkeren klarkamen, die Langsameren überholt und vom Wasser verschlungen wurden. Er wußte, daß diese Art von Rückzug nur die Qual verlängerte. Er drehte sich um und tauchte, das Gesicht zum Bug gewandt, ein. Als er wieder an die Oberfläche kam, sah er genau vor sich das Krähennest, jetzt auf gleicher Höhe mit dem Wasser. Blinder Instinkt packte ihn, und einen Augenblick lang schwamm er darauf zu, als sei es ein Ort der Sicherheit.

Dann kam er zu sich und versuchte vom Schiff freizukommen. Aber die See ergoß sich in die Ventilatoren kurz vor dem vordersten Schornstein hinab, der Sog packte ihn und preßte ihn gegen das Drahtnetz eines Luftschachtes. Er betete inbrünstig, das Netz möge halten. Und er fragte sich, wie lange er es hier, mit Macht an das Netz gedrückt, wohl aushalten könne.

Er sollte es nie erfahren. Ein Schwall heißer Luft drang von irgendwo tief aus dem Schiff den Luftschacht empor und blies ihn an die Oberfläche. Schlukkend und spuckend paddelte er sich endlich frei.

Auch Harold Bride verlor nicht den Kopf. Als die Welle vorüberfegte, packte er eine Ruderdolle von Floß B, das immer noch kieloben beim ersten Schornstein auf dem Bootsdeck lag. Das Floß, Bride und ein Dutzend andere wurden zusammen von Bord gespült. Das Floß war immer noch kieloben, und Bride fand sich unter dem Floß eingeschlossen.

Oberst Gracie verstand weniger von der See. Er blieb in der Menge und sprang mit der Welle – es war fast wie im Seebad Newport. Vom Wogenkamm emporgehoben, packte er die unterste Sprosse der Eisenreling auf dem Dach des Offizierslogis. Er zog sich hoch und blieb unmittelbar am Fuß des zweiten Schornsteins auf dem Bauch liegen.

Bevor er aufstehen konnte, war das Dach untergetaucht. Gracie drehte sich in dem strudelnden Wasser wie ein Kreisel um sich selbst. Er versuchte, sich an der Reling festzuhalten, machte sich aber dann klar, daß ihn das noch tiefer ziehen würde. Mit einem mächtigen Fußtritt stieß er sich ab und schwamm, tief unter der Wasseroberfläche, von dem Schiff frei.

Küchenchef John Collins konnte sich nicht viel um die Woge kümmern. Er hielt ein Baby auf dem Arm. Fünf Minuten lang hatte er zusammen mit einem Decksteward einer Frau aus dem Zwischendeck mit zwei Kindern zu helfen versucht. Erst hörten sie, es sei noch ein Boot an der Backbordseite. Sie liefen hin und hörten, es sei an Steuerbord. Als sie dort ankamen, sagte jemand, das beste sei, sie liefen zum Heck. Ratlos standen sie unentschlossen da – Collins hielt eines der Babys –, als die Woge sie alle zusammen über Bord spülte. Er sah die anderen nie wieder, und das Kind wurde ihm aus den Armen gerissen.

Auch Jack Thayer und Milton Long sahen die Woge kommen. Sie standen an der Steuerbordreling gegenüber dem zweiten Schornstein und versuchten, nicht von der Menge mitgerissen zu werden, die zum Heck hin schwärmte. Anstatt einen höhergelegenen Punkt zu suchen, fanden sie, daß die Zeit zum Abspringen und Wegschwimmen gekommen sei. Sie gaben sich die Hand und wünschten sich gegenseitig Glück. Long schwang seine Beine über die Reling, während Thayer sich rittlings daraufsetzte und seinen Mantel aufzuknöpfen begann. Long, der außenbords hing und sich mit den

Händen an der Reling festhielt, sah hinauf zu Thayer und fragte: „Kommst du, Jack?“

„Geh nur zu, ich bin gleich bei dir“, beruhigte Thayer ihn.

Long glitt abwärts mit dem Gesicht zum Schiff. Zehn Sekunden später schwang Thayer sein anderes Bein über die Reling und saß mit dem Blick zur See hin da. Er befand sich ungefähr drei Meter über dem Wasser. Dann sprang er mit einem mächtigen Satz so weit hinaus wie er konnte.

Von diesen beiden Möglichkeiten, das Schiff zu verlassen, erwies sich Thayers Methode als die richtige.

Die Woge erreichte Olaus Abelseth nicht. Er stand zu weit hinten, gleich neben dem vierten Schornstein. Anstatt unterzutauchen, schwenkte dieser Teil des Schiffes höher und immer höher.

Während sich der Boden unter ihm hob, hörte Abelseth ein Knallen und Krachen ... eine Reihe gedämpfter Stöße ... das Splittern von Glas ... das Poltern hinabrutschender Deckstühle.

Die Neigung des Decks wurde so steil, daß die Menschen nicht mehr stehen konnten. Sie stürzten also, und Abelseth beobachtete, wie sie das Deck hinab ins Wasser glitten. Abelseth und seine Verwandten klammerten sich an ein Tau in einem der Davits fest.

„Los, wir springen! Sonst zieht uns der Sog nach unten!“ drängte sein Schwager.

„Nein“, sagte Abelseth. „Wir springen noch nicht. Viel Aussicht haben wir ohnedies nicht, da können wir also noch so lange bleiben, wie es geht.“

„Wir müssen springen!" kam wieder der Schrei. Aber Abelseth blieb fest: „Nein, noch nicht."

Minuten später, als das Wasser nur noch anderthalb Meter weg war, sprangen die drei Männer schließlich, einander bei der Hand haltend. Schnaufend kamen sie wieder an die Oberfläche, Abelseth hoffnungslos verstrickt in einem Tau. Er mußte die Hände frei haben, um die Leine zu entwirren, und sein Vetter und Schwager wurden weggespült. Es gelang ihm tatsächlich, sich zu befreien, aber er sagte sich: „Mit mir ist es aus."

Im Gewirr der Taue, Deckstühle, Planken und des wild wirbelnden Wassers wußte niemand, was mit den meisten anderen geschah. Von den Booten aus konnte man sie sehen, wie sie sich wie kleine Bienenschwärme an Deckaufbauten, Winschen und Ventilatoren klammerten, während das Heck sich höher hob. Ganz in der Nähe war es schwer, zu übersehen, was geschah, obwohl die Lichter – unwahrscheinlicherweise – noch brannten und einen trüben, matten Schein verbreiteten.

In den Geschichten, die später erzählt wurden, fand Archie Butt sein Ende auf dutzenderlei verschiedene Weise – jedesmal war es ein tapferes Ende, aber keine dieser Geschichten ließ sich bestätigen. Einer Zeitungsmeldung zufolge konnte Miß Marie Young, Musiklehrerin der Kinder Teddy Roosevelts, sich daran erinnern, wie er ihr zurief: „Auf Wiedersehen, Miß Young, grüßen Sie mir die Leute zu Hause." Aber die Zeitungen berichteten ebenfalls von Miß Young, sie habe den Eisberg schon eine Stunde vor dem Zusammenstoß gesehen.

In einem Interview, das Mrs. Henry B. Harris gegeben haben soll, wurde Archie Butt als ein Fels in der Brandung bezeichnet; er habe hier seine Fäuste, da ein brüderliches Wort gebraucht, um die Schwächlinge zu führen und zu stärken. Aber Lightoller, Gracie und die anderen, die an den Booten arbeiteten, haben ihn überhaupt nicht zu Gesicht bekommen. Mrs. Walter Douglas erinnerte sich, ihn gegen 1.45 Uhr in der Nähe des Bootes Nr. 2 still an der Seite stehen gesehen zu haben.

Das gleiche war mit John Jacob Astor. Friseur August H. Weikmann beschrieb die letzten Augenblicke mit dem großen Millionär. Es war eine Unterhaltung von der Art, wie sie gewöhnlich nur in Friseurstuben zu hören ist. Ja, sogar noch flacher: „Ich fragte ihn, ob es ihm recht sei, wenn wir uns die Hand zum Abschied schüttelten. Er sagte: ‚Mit Vergnügen' . . ." Aber Friseur Weikman sagte auch, er habe das Schiff um 1.50 Uhr verlassen, eine gute halbe Stunde früher.

Das Ende von Butt und Astor wurde miteinander verknüpft in einem Bericht, der Washington Dodge, dem Steuerveranlager aus San Francisco, zugeschrieben wurde: „Als sie untergingen, standen sie Seite an Seite auf der Brücke. Ich konnte sie genau erkennen." So berichteten die Zeitungen. Aber Dr. Dodge befand sich in Boot Nr. 13, eine gute halbe Meile entfernt.

Auch wußte niemand genau, was mit Captain Smith geschah. Einige Leute sagten später, er habe sich erschossen, aber es gibt nicht die leiseste Spur eines Anzeichens dafür. Kurz vor dem Ende sah Steward Edward Brown ihn zur Brücke gehen, das Megaphon noch in der Hand. Eine Minute später geriet Trimmer Hemming auf die Brücke und fand sie leer. Nach dem Sinken der *Titanic* sah Heizer Harry Senior ihn im Wasser, in den Armen ein Kind haltend. Zusammengesetzt paßt dieses Bild viel besser als der Selbstmord zu dem Mann, der einmal gesagt hat: „In mancher Hinsicht hat es immer noch etwas Wunderbares für mich, besonders wenn ich von der Brücke herab beobachte, wie das Schiff sich auf- und abstampfend in der brodelnden See durch mächtige Wellen und über sie hinweg seinen Weg erkämpft. Man vergißt das nie."

Gesehen und ungesehen stürzten taumelnd die Großen und die Unbekannten in einen sich windenden Haufen zusammen, als der Bug tiefer tauchte und das Heck sich höher erhob. Die Klänge des Chorals „Herbst" wurden begraben in einem Durcheinander stürzender Musiker und Instrumente. Die Lichter gingen aus, flackerten wieder auf, erloschen endgültig. Eine einsame Petroleumlampe brannte noch flackernd hoch oben am achteren Mast.

Das dumpfe Poltern und das Klirren zerbrechender Gläser wurde lauter. Ein gleichmäßiges Grollen donnerte über die See dahin, als alles, was nicht niet- und nagelfest war, sich losriß und stürzte.

Nie hat es eine ähnliche Mischung gegeben – 29 Kessel . . . die juwelenbesetzte Ausgabe des Rubayyat . . . 800 Kisten geschälter Walnüsse . . . 15.000 Flaschen Ale und Stout . . . riesige Ankerketten (jedes Glied wog 175 Pfund) . . . 30 Kisten Golfschläger und Tennisrackets für A. G. Spaulding . . . Eleanor Wideners Aus-

Die Titanic am Abend des 10. April in Cherbourg. Obschon die Fotografie stark retouchiert ist, läßt sie doch erkennen, welchen Anblick das Schiff vier Tage später von den Rettungsbooten aus bot. (Aus der Sammlung des Autors)

Bleistiftskizze der untergehenden Titanic von Steward Leo James Hyland. Die einzige bekannte Zeichnung des Unterganges von einem Überlebenden. (Aus der Sammlung des Autors)

steuer ... Kohle tonnenweise ... Major Peuchens Kassette ... 30.000 frische Eier ... Dutzende von Palmen in Kübeln ... fünf Konzertflügel ... eine kleine Standuhr in B 38 ... die massive silberne Entenpresse.

Und noch lauter wurde es – stürzende Pflanzenspaliere, Efeutöpfe und Korbstühle im Café Parisien ... Bordspiele ... der Klappenkasten für 50 Telephone ... zwei Kolbenmaschinen und die umwälzende Niederdruckturbine ... 8 Dutzend Tennisbälle für R. F. Downey & Co., eine Kiste voll Porzellan für Tiffany, eine Kiste mit Handschuhen für Marshall Field ... die bemerkenswerte Eismaschine auf dem G-Deck ... Billy Carters neues englisches Automobil ... die 16 Koffer der Ryersons, mustergültig gepackt von Victorine.

Als die Neigung stärker wurde, kippte der vordere Schornstein um. An der Steuerbordseite schlug er auf das Wasser auf mit einem Funkenregen und einem platschenden Krach, der über dem allgemeinen Lärm deutlich zu hören war. Schmierer Walter Hurst, der in der wirbelnden See um sein Leben schwamm, wurde von dem Ruß halb geblendet. Er hatte Glück und kam davon – andere Schwimmer wurden von dem tonnenschweren Stahl begraben. Aber für Lightoller, Bride und andere, die sich jetzt an das kieloben treibende Floß B klammerten, war der stürzende Schornstein ein Geschenk des Schicksals. Er stürzte dicht neben dem Boot nieder und spülte es dreißig Meter weit weg von dem sinkenden, hin und her schlagenden Schiffsrumpf.

Die *Titanic* stand jetzt genau senkrecht. Vom dritten Schornstein an ragte sie hoch auf in die Luft. Ihre drei noch tropfenden Schrauben blinkten sogar in der Dunkelheit. Lady Duff Gordon erschien das Schiff als ein schwarzer, zum Himmel zeigender Finger. Harold Bride mußte an eine Ente denken, die gerade untertaucht.

Draußen in den Booten trauten die Menschen kaum ihren Augen. Über zwei Stunden lang hatten sie zugeschaut und immer noch gehofft, während die *Titanic* tiefer und tiefer sank. Als das Wasser ihre roten und grünen Positionslaternen erreichte, wußten sie, daß das Ende nahe war . . . aber niemand hatte geahnt, daß es so sein würde – der höllische Lärm, der mit 90 Grad hängende Rumpf, der Weihnachtskartenhintergrund der glänzenden, funkelnden Sterne.

Einige sahen nicht hin. Im Floß C beugte sich Präsident Bruce Ismay tief über seinen Riemen – er konnte es nicht ertragen, sie sinken zu sehen. In Boot Nr. 1 wandte C. E. Henry Stengel sich ab: „Ich kann nicht mehr hinsehen." In Nr. 4 schlug Elizabeth Eustis die Hände vors Gesicht.

Zwei Minuten vergingen, der Lärm hörte schließlich auf, und die *Titanic* legte sich wieder etwas weniger steil. Dann begann sie langsam zu sinken. Mit dem Bug voran glitt sie hinab und schien dabei an Geschwindigkeit zu gewinnen. Als die See sich über dem Flaggenmast am Heck schloß, bewegte sie sich so schnell, daß ein leises Schlucken hörbar wurde.

„Sie ist weg, es ist aus mit ihr", seufzte irgend jemand zu Ausguck Lee in Boot Nr. 13. „Es ist weg", hörte Mrs. Ada Clark undeutlich jemanden in Nr. 4 sagen. Aber ihr war so kalt, daß sie sich kaum darum kümmerte. Den meisten anderen Frauen ging es ähnlich – sie saßen betäubt da, stumm, ohne eine Gefühlsregung. In Nr. 5 blickte Dritter Offizier Pitman auf seine Uhr und verkündete: „Es ist 2.20 Uhr."

Zehn Meilen entfernt auf der *Californian* sahen Zweiter Offizier Stone und Anwärter Gibson zu, wie das seltsame Schiff langsam verschwand. Fast die ganze Wache hindurch hatten sie fasziniert hinübergeschaut – dieses sonderbare Abschießen von Raketen, und wie seltsam das Schiff im Wasser lag. Gibson bemerkte, daß die Raketen bestimmt nicht zum Spaß abgeschossen würden. Stone pflichtete ihm voll und ganz bei: „Kein Schiff schießt auf See Raketen ab, wenn es keinen Grund dazu hat."

Gegen zwei Uhr schienen die Lichter des Fremden kaum noch über den Horizont hinauszuragen, und die beiden Männer meinten, daß das Schiff Fahrt aufgenommen habe und sich entferne. „Rufen Sie den Captain", befahl Stone, „und melden Sie ihm, daß das Schiff in Südwest verschwindet und daß alles in allem acht Raketen abgefeuert worden sind."

Gibson marschierte in den Kartenraum und richtete es aus. Captain Lord sah verschlafen auf: „Waren es alles weiße Raketen? "

Gibson sagte ja, und Lord fragte nach der Zeit. Gibson erwiderte, es sei 2.05 Uhr nach der Ruderhausuhr. Lord drehte sich zur Wand, und Gibson kehrte auf die Brücke zurück.

Um 2.20 Uhr fand Stone, daß das andere Schiff jetzt völlig verschwunden sei, und um 2.40 Uhr meinte er, er müsse es dem Kapitän selbst melden. Er rief seine Meldung durchs Sprachrohr hinab und starrte dann wieder aufmerksam in die leere Nacht.

„DA GEHT ES HIN, IHR SCHÖNES NACHTHEMD“

Als die See sich über der *Titanic* schloß, sagte Lady Cosmo Duff Gordon in Boot Nr. 1 zu ihrer Sekretärin, Miß Francatelli: „Da geht es hin, Ihr schönes Nachthemd.“

Sehr viel mehr als Miß Francatellis Nachthemd verschwand in dieser Aprilnacht. Mehr noch sogar als der größte Dampfer der Welt, seine Ladung und das Leben von 1502 Menschen.

Niemals wieder würden Menschen ein Schiff in ein Eisfeld jagen, ungeachtet aller Warnungen, ihr ganzes Vertrauen auf ein paar tausend Tonnen Stahl und Nieten setzend. Seit jener Nacht nahmen Atlantikdampfer Eiswarnungen ernst, gingen auf anderen Kurs oder verringerten die Geschwindigkeit. Niemand glaubte mehr an ein „Schiff, das nicht sinken kann“.

Auch können seither Eisberge nicht mehr unbehelligt dahintreiben und sich ihre Opfer suchen. Nach dem Untergang der *Titanic* gründeten die amerikanische und die britische Regierung die Internationale Eispatrouille, und heute nehmen sich Kutter des Küstenschutzes verirrter Eisberge an, die auf die Schiffahrtsstraßen zutreiben. Die Winterroute selbst wurde als zusätzliche Vorsichtsmaßnahme weiter nach Süden verlegt.

Und es gab keine Dampfer mehr, deren Funkerbude nur für einen Teil des Tages besetzt war. Hinfort hatte jedes Passagierschiff eine 24stündige Funkwache. Niemals wieder konnte die Welt in Trümmer gehen, während ein Cyril Evans nur zehn Meilen davon entfernt wachfrei in der Koje schlief.

Es war auch das letzte Mal, daß ein Schiff in See ging, ohne ausreichende Rettungsboote an Bord zu haben. Die 46.328 BRT große *Titanic* fuhr unter hoffnungslos veralteten Sicherheitsbestimmungen. Die Zahl der Rettungsboote richtete sich nach einer absurden Formel: Alle britischen Schiffe über 10.000 BRT mußten 16 Rettungsboote mit einer Kapazität von 5500 Kubikfuß sowie ausreichend Flöße für 75 Prozent der Kapazität der Rettungsboote mit sich führen.

Für die *Titanic* kam das auf 9625 Kubikfuß. Das bedeutete, daß sie nur Rettungsboote für 962 Menschen an Bord zu haben brauchte. Tatsächlich waren Boote für 1178 Menschen vorhanden – die White Star Line beklagte sich bitter darüber, daß niemand ihrer Vorsorge Anerkennung zollte. Aber auch so war nur für 52 Prozent der 2207 an Bord befindlichen Menschen gesorgt und nur für 30 Prozent ihres Gesamtfassungsvermögens. Künftig waren die Regeln und Formeln höchst einfach – Rettungsboote für jeden.

Und es war das Ende der Klassenunterscheidung beim Besetzen der Boote. Die White Star Line hat immer geleugnet, daß irgend etwas der Art stattgefunden habe – und die mit der Untersuchung Beauftragten bestätigten das –, und doch gibt es überwältigende Anzeichen dafür, daß das Zwischendeck arg den kürzeren zog: Daniel Buckley daran gehindert, in die Erste Klasse zu gehen ... Olaus Abelseth vom Poop-Deck freigelassen, als das letzte Boot abstieß ... Steward Hart geleitete zwei kleine Gruppen von Frauen nach oben, während Hunderte unter Deck zurückblieben ... Zwischendeckspassagiere kletterten achtern vom Welldeck über den Kran ... andere klommen senkrechte Leitern empor, um vorn vom Welldeck aus weiterzukommen.

Dann waren da die Menschen, die Oberst Gracie, Lightoller und andere kurz vor dem Ende von unten heraufstürmen sahen. Bis zu diesem Augenblick war Gracie überzeugt davon, daß alle Frauen von Bord waren – es waren ja kaum noch welche zu finden, als die letzten Boote besetzt wurden. Mit tiefer Bestürzung sah er sie jetzt zu Dutzenden erscheinen. Die Statistiken lassen vermuten, wer sie waren – auf der Verlustliste der *Titanic* stehen vier von 143 Frauen der Ersten Klasse (davon drei aus freier Wahl) ... 15 von 93 Frauen der Zweiten Klasse ... und 81 von 179 Frauen der Dritten Klasse. Gar nicht zu reden von den Kindern. Außer Lorraine Allison wurden alle 29 Kinder aus der Ersten und Zweiten Klasse gerettet, aber nur 23 von den 76 Kindern im Zwischendeck. Weder die Chance, ritterlich zu sein, noch die Früchte der Ritterlichkeit schienen sich mit einer Passage Dritter Klasse vereinbaren zu lassen.

Es war besser, aber nicht vollkommen in der Zweiten Klasse. Lawrence Beesley erinnert sich daran, wie ein Offizier zwei Frauen anhält, die durch die Verbindungstür zur Ersten Klasse gehen wollen. „Dürfen wir zu den Booten gehen?" fragten sie.

„Nein, gnädige Frau, Ihre Boote sind unten auf Ihrem eigenen Deck."

In Gerechtigkeit der White Star Line gegenüber muß gesagt werden, daß diese Unterscheidungen nicht so sehr aus einer festgelegten Vorschrift erwuchsen, sondern vielmehr aus dem völligen Fehlen einer Vorschrift. An einigen Punkten sperrte die Besatzung den Weg zum Bootsdeck, an anderen öffneten sie die Verbindungstüren, sagten es aber niemandem, an einigen wenigen Punkten gab es wirkliche Bemühungen, die Zwischendeckspassagiere nach oben zu führen. Ein paar unternehmende Passagiere halfen sich selbst aus der Zwangslage, aber die meisten liefen hilflos im Kreis herum – unbeachtet, vernachlässigt, vergessen.

Wenn die White Star Line gleichgültig war, so waren es alle anderen ebenfalls. Niemand schien an der Dritten Klasse interessiert zu sein – weder die Presse noch die offiziellen Untersuchungen noch die Passagiere der Dritten Klasse selbst.

In ihrer Berichterstattung über die *Titanic* machten sich wenige Reporter die Mühe, Dritter-Klasse-Passagiere zu befragen. Die *New York Times* war mit Recht stolz auf ihre Berichterstattung über die Katastrophe, aber die berühmte Ausgabe, in der die Ankunft der *Carpathia* in New York geschildert wurde, enthielt nur zwei Interviews mit Passagieren der Dritten Klasse. Das war offensichtlich das Muster für die anderen – von 43 Schilderungen, die Überlebende gegeben hatten und die der *New York Herald* veröffentlichte, stammten wiederum nur zwei von Zwischendeckspassagieren.

Sicherlich gaben ihre Erlebnisse nicht so schöne und angenehm zu lesende Berichte ab wie etwa der Lady Cosmo Duff Gordons. (Eine New Yorker Zeitung ließ sie sagen: „Die letzte Stimme, die ich hörte, war ein Mann. Er rief laut: ‚Mein Gott, mein Gott'.") Und doch hätte es hier eine Story gegeben. Die Nacht brachte eine großartige Erfüllung des Grundsatzes „Frauen und Kinder zuerst", aber dann war es doch, daß der Prozentsatz der umgekommenen Kinder der Dritten Klasse höher war als der der Männer aus der Ersten Klasse. Es war ein Gegensatz, der dem sozialen Gewissen (oder dem Sinn für lohnende Berichte) der heutigen Presse nie und nimmer entgangen wäre.

Auch der amerikanische Kongreß kümmerte sich nicht darum, was mit der Dritten Klasse passiert war. Die von Senator Smith geleitete *Titanic*-Untersuchung befaßte sich mit allen möglichen Dingen, einschließlich der Frage, woraus ein Eisberg bestünde („Aus Eis", erklärte Fünfter Offizier Lowe), aber das Zwischendeck erfuhr wenig Aufmerksamkeit. Nur drei Passagiere der Dritten Klasse sagten als Zeugen aus. Zwei von ihnen sagten, sie seien daran gehindert worden, auf das Bootsdeck zu gehen, aber die Gesetzgeber forschten dann nicht weiter nach. Auch hier wieder legt das vorliegende Material keineswegs einen absichtlichen Vertuschungsversuch nahe – es war eben tatsächlich einfach so, daß niemand interessiert war.

Noch mehr Kavalier war der britische Untersuchungsgerichtshof. Mr. W. D. Harbinson, der offiziell die Interessen der Dritten Klasse vertrat, sagte, er könne keinerlei Anzeichen für eine Klassenunterscheidung finden, und Lord Merseys Bericht stellte ein einwandfreies Attest aus – und doch sagte kein einziger Passagier der Dritten Klasse als Zeuge aus, und der einzige überlebende Steward, der im Zwischendeck stationiert war, sagte frei aus, daß die Männer noch bis 1.15 Uhr unter Deck zurückgehalten wurden.

Selbst die Passagiere der Dritten Klasse kümmerten sich nicht um diese Frage. Sie nahmen die Unterscheidung nach Klassen widerspruchslos als ganz normale Spielregel hin. Zumindest Olaus Abelseth betrachtete den Zugang zum Bootsdeck als ein Privileg, das mit einer Überfahrt Erster und Zweiter Klasse verbunden war . . . selbst wenn das Schiff sinkt. Er war zufrieden, solange man ihn nur auf Deck bleiben ließ.

Ein neues Zeitalter dämmerte herauf, und nie wieder seit jener Nacht waren Dritter-Klasse-Passagiere so philosophisch.

Am anderen Extrem war es auch das letzte Mal, daß die Sonderstellung der Ersten Klasse nicht in Frage gestellt wurde. Als der White-Star-Dampfer *Republic* im Jahre 1908 unterging, rief Captain Sealby den in die Boote gehenden Passagieren zu: „Denken Sie daran! Frauen und Kinder gehen zuerst, dann die Erste Kabine, dann die anderen!“ Es gab keine Vorschrift dieser

Art auf der *Titanic,* aber die Konzeption hielt sich noch im öffentlichen Bewußtsein, und zunächst neigte die Presse dazu, jeder möglichen Kritik an dem Benehmen eines Passagiers der Ersten Klasse einen Riegel vorzuschieben. Als bekannt wurde, daß Ismay gerettet sei, beeilte sich die New Yorker *Sun* zu verkünden: „Ismays Verhalten war von ausnehmender Ritterlichkeit bestimmt . . . niemand weiß, wie Mr. Ismay selbst in ein Boot gelangte; es ist anzunehmen, daß er den Wunsch hatte, den Fall seiner Gesellschaft darzulegen."

Niemals wieder sollte es die Erste Klasse so gut haben. Ja, fast unmittelbar darauf schlug das Pendel nach der anderen Seite aus. Wenige Tage später wurde Ismay angeprangert, und nach einem Jahr ließ sich eine prominente Überlebende von ihrem Mann scheiden, einfach nur deshalb, so hieß es, weil er zufällig gerettet worden war. Eine für die Betroffenen höchst lästige Hinterlassenschaft der *Titanic* war ein neuer Maßstab für das Verhalten prominenter Leute in mißlichen Situationen.

Da war es doch leichter in den alten Tagen . . . denn die *Titanic* war auch die letzte Tribüne des Reichtums und der Gesellschaft im Mittelpunkt der öffentlichen Hochachtung und Liebe. Im Jahre 1912 gab es keine Film-, Rundfunk- und Fernsehstars, Sporthelden waren noch nicht geschaffen, und die Café-Gesellschaft war völlig unbekannt. Die Öffentlichkeit war auf gesellschaftlich prominente Leute angewiesen, wenn sie den stellvertretenden Glanz genießen wollte, der trübe Lebensumstände so angenehm bereichert.

Dieser Sachlage wurde von der Presse in vollem Maße Rechnung getragen. Als die *Titanic* in See ging, brachte die *New York Times* die Namen der prominenten Passagiere auf der ersten Seite. Als sie untergegangen war, teilte das der New Yorker *American* am 16. April durch einen Leitartikel mit, der fast ausschließlich John Jacob Astor gewidmet war; ganz am Schluß wurde erwähnt, daß außerdem noch 1800 andere den Tod gefunden hatten.

Ganz in der gleichen Tonart behandelte die New Yorker *Sun* am 18. April die Katastrophe unter dem Gesichtswinkel der Versicherungsfrage. Der größte Teil des Berichts handelte von den Perlen der Mrs. Widener.

Niemals hat seither festgegründeter, ererbter Reichtum die Gedanken der Menschen so gründlich beschäftigt. Andererseits hat der Reichtum nie wieder soviel äußeren Aufwand getrieben. John Jacob Astor zahlte, ohne mit der Wimper zu zucken, 800 Dollar für ein Spitzenjackett, das irgendein Händler an Deck feilhielt, als die *Titanic* eine kurze Zwischenlandung in Queenstown machte. Für die Ryersons war es durchaus nicht ungewöhnlich, mit 16 Koffern zu reisen. Die 190 Familien in der Ersten Klasse wurden von 23 Dienstmädchen, acht Kammerdienern und etlichen Kinderschwestern und Gouvernanten bedient – ganz abgesehen von den Hunderten von Stewards und Stewardessen. Diese persönliche Dienerschaft hatte ihren eigenen Salon auf dem C-Deck, damit niemand die Peinlichkeit zu erleben brauchte, eine Unterhaltung mit irgendeinem eleganten Fremden anzuknüpfen und dann festzustellen, daß es sich um Henry Sleeper Harpers Dragoman handelte.

Oder man betrachte die Ankunft der Überlebenden in New York. Mrs. Astor wurde von zwei Automobilen erwartet, in denen sich zwei geprüfte Ärzte, eine geprüfte Krankenschwester, ein Sekretär sowie Vincent Astor befanden. Mrs. George Widener wurde nicht von Automobilen, sondern von einem Sonderzug erwartet – bestehend aus einem privaten Pullman, einem weiteren Waggon als Ballast und einer Lokomotive. Auch Mrs. Charles Hays wurde von einem Sonderzug erwartet sowie von zwei Privatwagen und zwei Kutschen.

Es war ein Empfang ganz im Einklang mit den Lebensgewohnheiten von Leuten, die es sich leisten konnten, 4350 Dollar – und es waren Dollar des Jahres 1912 – für eine Luxussuite auszugeben. Zu einer solchen Suite gehörte sogar ein privates Promenadendeck, das mit etwa 120 Dollar pro Frontmeter für sechs Tage berechnet wurde.

Ein Leben dieser Art stand natürlich nicht jedem offen – so hätte Harold Bride, der 20 Dollar im Monat verdiente, 18 Jahre warten müssen, ehe er genug verdient hätte, um den Atlantik in solchem Luxus überqueren zu können. Deshalb wuchsen diejenigen, die dieses Leben genießen konnten, allmählich zu einer bemerkenswerten, festgeknüpften kleinen Gruppe zusammen, die ebenfalls mit der *Titanic* verschwunden zu sein scheint.

Diese kleine Welt der Reichen des edwardianischen Zeitalters war von einer wunderbaren Intimität. Nichts war von Überraschung zu merken, wenn sie einander trafen, sei es bei den Pyramiden (sehr beliebt), bei der Regatta von Cowes oder den Quellen von Baden-Baden. Sie schienen zur gleichen Zeit die gleichen Einfälle zu haben, und einer dieser Einfälle war es, die Jungfernreise des größten Schiffes der Welt mitzumachen.

Deshalb kam es, daß die Reise der *Titanic* mehr einem großen Wiedersehen glich als einer Ozeanüberfahrt. Es war faszinierend für Mrs. Henry B. Harris, Gattin des Theater-Producers, die ganz gewiß nicht zu dieser Welt gehörte. Noch zwanzig Jahre später erinnerte sie sich mit ungläubigem Staunen: „Es herrschte ein Geist der Camaraderie, wie ich ihn auf früheren Reisen noch nie erlebt hatte. Niemand brauchte die Passagierlisten einzusehen – nach der Atmosphäre freundschaftlicher Geselligkeit zu urteilen, die unter den Kabinenpassagieren herrschte. Sie begegneten einander auf Deck wie Gäste einer großen Party."

Diese Gruppe kannte die Besatzung fast ebensogut wie ihre eigenen Mitglieder. Es war Brauch, mit gewissen Captains über den Atlantik zu fahren und nicht so sehr mit bestimmten Schiffen, und Captain Smith hatte eine persönliche Anhängerschaft, die ihn der White Star Line unbezahlbar machte. Der Captain vergalt die Treue dieser Kundschaft mit kleinen Gunstbezeigungen und Privilegien. In der letzten Nacht erhielt John Jacob Astor die schlimme Nachricht direkt von Captain Smith noch vor dem allgemeinen Alarm, und einige andere auch.

Aber andererseits galt es als selbstverständlich, daß

es bei kleinen Privilegien blieb. Niemand nutzte das Vertrauen des Captains für sich aus – kaum ein Mann dieser Gruppe wurde gerettet.

Die Stewards und Kellner waren auf ähnlich vertrautem Fuß mit der Gruppe. Sie hatten oft für dieselben Passagiere gesorgt, sie wußten genau, was sie wollten und wie sie es wollten. Jeden Abend betrat Steward Cunningham die Kabine A 45 und legte den Abendanzug für Thomas Andrews genau so zurecht, wie Mr. Andrews es gewohnt war. Um 18.45 Uhr kam Cunningham dann und half Andrews beim Ankleiden. Ähnliches geschah überall im Schiff.

Und als die *Titanic* sank, da sorgte Steward Etches mit ehrlicher Zuneigung dafür, daß Mr. Guggenheim seinen Sweater anzog ... ebenso wie Steward Crawford seinem Passagier Mr. Stewart die Schuhe zuschnürte und Zweiter Steward Dodd John B. Thayer mitteilte, daß seine Frau noch an Bord sei, während er glaubte, sie sei schon längst in einem der Boote. Aus dem gleichen Geist heraus stieß Speisesaalsteward Ray Washington Dodge in Boot Nr. 13 – er hatte das Ehepaar Dodge dazu überredet, die *Titanic* zu nehmen, und fühlte sich jetzt verpflichtet, für ihre Sicherheit zu sorgen.

Die Gruppe vergalt diese Treue mit einer Vertraulichkeit und Zuneigung, die sie wenigen ihrer minder bekannten Mitpassagiere entgegenbrachte. In den letzten Stunden der *Titanic* schienen Männer wie Ben Guggenheim und Martin Rothschild mit ihren Stewards häufiger zu sprechen als mit den Passagieren.

Mit der *Titanic* scheint sich der Vorhang vor diese Lebensform gesenkt zu haben, niemals war es wieder ganz so. Erst sorgte der Krieg und dann die Einkommensteuer dafür.

Mit dieser untergegangenen Welt verschwanden auch einige ihrer Vorurteile – besonders die laut und mit Entschiedenheit geäußerte Meinung, daß angelsächsischer Mut alles andere an Mut weit hinter sich lasse. Für die Überlebenden waren alle, die sich widerrechtlich in die Rettungsboote gezwängt hatten, entweder „Chinesen" oder „Japaner", und alle, die von Deck sprangen, waren „Armenier", „Franzosen", „Italiener".

„Verschiedene männliche Passagiere", erklärte Steward Crowe bei der Untersuchung in den USA, „wahrscheinlich Italiener oder Angehörige einer ausländischen, nicht englischen oder amerikanischen Nation, versuchten, die Boote zu stürmen." Steward Crowe hörte natürlich die Sünder nicht sprechen und konnte überhaupt nicht wissen, wer sie waren. Während der Untersuchung spitzte sich die Sache so sehr zu, daß der italienische Botschafter vom Fünften Offizier Lowe eine Entschuldigung dafür verlangte, daß er das Wort „Italiener" mit dem Wort „Feigling" sozusagen gleichgesetzt habe. Lowe entschuldigte sich.

Angelsächsisches Blut konnte nichts Unrechtes tun. Als Bride den Angriff des Heizers auf Phillips beschrieb, machten einige Zeitungen den Heizer zum Neger, um die Wirkung noch zu steigern. Und unter der Schlagzeile „Erwünschte Heimkehrer umgekommen" wies die New Yorker *Sun* darauf hin, daß unter anderem auch 78 Finnen umgekommen seien, die für das Land von Nutzen gewesen waren.

Aber mit den Vorurteilen gingen auch einige noblere Instinkte unter. Männer werden auch weiterhin tapfer sein, aber nie wieder werden sie diese ganz besondere Art und Weise der Tapferkeit zeigen. Diese Männer auf der *Titanic* hatten etwas Besonderes an sich – es war da irgend etwas lebendiges in Ben Guggenheim, der sich seinen Abendanzug für den Untergang anzog ... in Howard Case, der die Asche von seiner Zigarette schnippte, als er Mrs. Graham zuwinkte ... ja, auch in Oberst Gracie, der schnaufend über die Decks lief und ritterlich, wenn auch ungeschickt und vergeblich, nach Mrs. Candee suchte. Heute könnte niemand mehr diese kleinen Gesten der Ritterlichkeit überzeugend ausführen, aber sie taten es in jener Nacht.

Auch die Atmosphäre des *noblesse oblige* ist geschwunden. In den qualvollen Tagen der Ungewißheit in New York gaben sich die Astors, die Guggenheims und viele andere ihrer Art nicht damit zufrieden, neben ihrem Telephon zu sitzen oder Freunde und Dienstboten zum Büro der White Star Line zu schicken. Sie gingen selbst. Nicht, weil es die beste Möglichkeit war, Neuigkeiten zu erfahren, sondern weil sie das Gefühl hatten, es gehöre sich für sie, selbst dort zu sein.

Heute hängen die Familienmitglieder genauso treu aneinander wie eh und je, aber das Telephon würde wahrscheinlich genügen. Wenige würden darauf bestehen, selbst zu gehen und sich in das wilde Durcheinander eines Reedereibüros an solchen Tagen zu

Juniorfunker Harold Bride in London, wo er zur gerichtlichen Untersuchung weilte. (Brown Bros., New York)

Harold Cottam, der Funker der Carpathia, der den verzweifelten Hilferuf der Titanic auffing. (Brown Bros., New York)

Offiziere des Leyland-Passagierdampfers Californian. Das Fernrohr in Kapitän Lords Hand wirkt etwas seltsam, wenn man bedenkt, daß sein Schiff weniger als 10 Meilen von der sinkenden Titanic entfernt war. (Mirrorpic)

stürzen. Aber die anderen zögerten keine Minute. Gewiß, Vincent Astor bekam bessere und genauere Informationen als die anderen – und einige drangen sogar bis zu Generaldirektor Franklin vor –, aber das Wesentliche ist, daß diese Menschen nicht nur bloß die Fühlung aufrechterhielten – sie waren selbst da.

Und alles andere verdrängend, bezeichnete die *Titanic* auch das Ende eines allgemeinen Gefühls der Zuversicht und des Vertrauens. Bis zu jener Nacht glaubten die Menschen, endlich ein regelmäßiges, ordentliches, zivilisiertes Leben geschaffen zu haben. Seit hundert Jahren hatte die westliche Welt in Frieden gelebt, seit hundert Jahren hatte die Technik regelmäßige Fortschritte erzielt, seit hundert Jahren schienen die Segnungen des Friedens und der Industrie in höchst befriedigender Weise die Gesellschaft von oben nach unten zu durchdringen. In der Rückschau scheint weniger Grund zu diesem Vertrauen vorhanden gewesen zu sein, aber damals fanden auch die einsichtsvollsten Menschen, daß das Leben ganz in Ordnung sei.

Die Katastrophe der *Titanic* weckte sie auf, nie wieder würden sie so selbstsicher sein. Besonders für die Welt der Technik war die Katastrophe ein furchtbarer Schlag. Da hatte man nun das Schiff, das nicht sinken konnte – vielleicht die bis dahin größte technische Leistung der Menschheit –, und auf der ersten Reise ging es unter.

Aber die Konsequenzen gingen noch viel weiter. Wenn diese großartige Leistung so beängstigend zerbrechlich war, was sollte man dann von allem anderen halten? Wenn Reichtum so wenig bedeutete in dieser kalten Aprilnacht, bedeutete er dann wirklich mehr an anderen Tagen, in den anderen Nächten des Jahres? Dutzende von Geistlichen predigten, daß die *Titanic* eine vom Himmel gesandte Lektion sei, um die Menschen aus ihrer Selbstgefälligkeit aufzuwecken, sie für ihren Glauben an den materiellen Fortschritt zu bestrafen. Wenn der Untergang der *Titanic* so gemeint war, dann erfüllte er seinen Zweck – die Menschen sind seither nie mehr einer Sache sicher gewesen.

Die endlose Folge der Desillusionierungen, die jetzt einsetzte, kann nicht der *Titanic* zugeschrieben werden, aber sie war der erste große Riß. Vor der *Titanic* war alles ruhig gewesen, nachher war alles Tumult. Deshalb bedeutet die Katastrophe der *Titanic* für alle, die damals lebten, in stärkerem Maße als irgendein anderes Ereignis das Signal für das Ende der alten Zeit und den Beginn einer neuen, beunruhigenden Epoche.

Am Montag, dem 15. April 1912, 2.20 Uhr früh, war jedoch keine Zeit für solche Gedanken. Über dem Grab der *Titanic* hing ein dünner, rauchiger Dampf, der die klare Nacht beschmutzte. Die glasige See war bestreut mit Lattenkisten, Deckstühlen, Planken, grotesken Pilastern und korkähnlichem Zeugs, das von irgendwo aus großer Tiefe an die Oberfläche schoß.

Hunderte von Schwimmern kämpften sich durch das Wasser, klammerten sich an Wrackteile und aneinander. Steward Edward Brown, um Luft ringend, nahm undeutlich wahr, daß jemand an seinen Kleidern zerrte. Dritter-Klasse-Passagier Olaus Abelseth fühlte, wie der

Arm eines Mannes von hinten seinen Hals umklammerte. Es gelang ihm, sich freizuwinden und zu schlagen, und wasserspuckend ächzte er: „Laß mich los!“ Aber der Mann griff wieder nach ihm, und erst durch einen kräftigen Tritt konnte er sich endgültig befreien.

Wenn es die Menschen nicht waren, dann war es die See selbst, die den Widerstand der Menschen brach. Die Wassertemperatur betrug –2 Grad Celsius, und Zweitem Offizier Lightoller war es zumute, als würden „tausend Messer“ in seinen Körper gestoßen. In solchem Wasser nützten Schwimmwesten gar nichts.

Und doch brachten es ein paar Dutzend fertig, sich ihre vernünftige Überlegung und auch ihre Körperkräfte zu bewahren. Für sie ragten zwei sichtbare Hoffnungen aus dem Wasser – die Flöße A und B. Beide waren mit dem Sinken des Bootsdecks flottgeworden, A voll Wasser geschlagen, B kieloben. Dann hatte der stürzende Schornstein beide Boote weiter weg von der Menge getrieben. Jetzt kamen von allen Seiten die stärksten und vom Glück am meisten begünstigten Schwimmer auf sie zu.

Nach ungefähr 20 Minuten kam Olaus Abelseth spritzend und wassertretend längsseits von Floß A. Vielleicht ein Dutzend andere lagen schon halb tot in dem Floß, das da schwerfällig rollte und sich wälzte. Weder halfen sie ihm noch hinderten sie ihn, als er über den Dollbord kletterte. Sie murmelten nur mit steifen Lippen: „Paß auf, daß das Floß nicht kentert.“

Einer nach dem anderen kamen die Schwimmer, bis

ungefähr zwei Dutzend Menschen in dem Hulk kauerten. Es war eine sonderbare Versammlung – Tennisstar R. Norris Williams jr. lag neben seinem völlig durchnäßten Pelzmantel ... zwei Schweden ... Heizer John Thompson mit schweren Verbrennungen an den Händen ... ein Passagier der Ersten Klasse ... Steward Edward Brown ... Mrs. Rosa Abbott aus der Dritten Klasse.

Allmählich trieb Floß A weiter weg von der Untergangsstelle; die Schwimmer kamen in immer längeren Abständen. Schließlich kamen überhaupt keine mehr, und das halb vollgeschlagene Floß trieb schweigend und allein durch die leere Nacht.

Inzwischen strebten andere Schwimmer zum kieloben treibenden Floß B. Es war viel näher bei der Untergangsstelle. Viel mehr Menschen umschwärmten den gebogenen, weißen Kiel des Floßes, und sie waren viel lauter, viel aktiver.

„Rettet ein Leben! Rettet ein Leben!“ Walter Hurst hörte immer wieder diesen Schrei, als er zu den Männern stieß, die versuchten, auf das Floß zu klettern.

Funker Harold Bride war natürlich von Anfang an da, aber unter dem Boot. Auch Lightoller erreichte es, bevor die *Titanic* sank. Er trat Wasser neben dem Boot, als der vordere Schornstein stürzte. Die Flutwelle hätte ihn beinahe hinweggespült; gleichzeitig preßte sie den jungen Jack Thayer genau gegen das Boot. Mittlerweile kauerten Hurst und drei oder vier andere oben auf dem Kiel. Auch Lightoller und Thayer krochen an Bord. Bride war immer noch unter dem Boot. Er lag auf dem

Rücken, stieß mit dem Kopf an die Bänke, schnappte nach Luft in der dumpfen Dunkelheit.

Dann kam A. H. Barkworth, ein Friedensrichter aus Yorkshire. Er trug einen schweren Pelzmantel über der Schwimmweste, und diese riskante Anordnung trug überraschenderweise dazu bei, ihn über Wasser zu halten. Mitsamt Pelzmantel und Schwimmweste kletterte auch er auf das umgestürzte Floß, und er sah aus wie ein großes, zottiges Tier.

Oberst Gracie kam später. Anfangs von der *Titanic* hinabgezogen, versuchte er es erst mit einer Planke, dann mit einer großen Holzkiste, bevor er das umgestürzte Floß entdeckte. Als er es schließlich erreicht hatte, lagen und knieten mehr als ein Dutzend Männer auf dem Boden des Floßes.

Niemand bot eine helfende Hand. Mit jedem Neuankömmling tauchte das Floß tiefer in die See; schon schlug das Wasser dann und wann über dem Kiel zusammen. Aber Gracie wollte nicht vergeblich den ganzen weiten Weg hierhergekommen sein. Er packte den Arm eines Mannes, der schon auf dem Boot lag, und zog sich hinauf auf den Kiel. Als nächster kam Hilfskoch John Collins angeschwommen, auch ihm gelang es, auf das Boot zu kriechen. Dann tauchte Bride sich frei und kletterte auf das Heck.

Als dann Steward Thomas Whiteley ankam, wälzte sich Floß B unter der Last von 30 Mann. Er versuchte an Bord zu klettern, irgend jemand schlug ihn mit einem Ruder, aber er schaffte es trotzdem. Heizer Harry Senior wurde von einem Ruder weggeschlagen, aber er schwamm herum auf die andere Seite und überredete sie schließlich, auch ihn heraufzulassen.

Unterdessen schlugen die Männer, die am Bug und Heck kauerten, mit Brettern auf das Wasser ein, um von der Untergangsstelle wegzukommen, weg von den Schwimmern.

„Halt dich fest an dem, was du hast, alter Junge. Noch einer, und wir gehen alle zusammen unter!" riefen die Männer auf dem Floß denen im Wasser zu.

„Schon gut, Jungs; bleibt vernünftig", rief einer der Schwimmer zurück, als sie ihn aufforderten, nicht näher zu kommen. Dann schwamm er weg und rief noch: „Viel Glück, Gott segne euch."

Ein anderer Schwimmer rief ihnen aufmunternd zu: „Gut so! Brav! Haltet euch tapfer!" Er hatte eine Stimme, der man gehorchen mußte, und er bat nicht, an Bord gelassen zu werden. Obwohl sie schon gefährlich überlastet waren, konnte Walter Hurst nicht anders – er mußte ihm ein Ruder hinhalten. Aber der Mann war schon zu erschöpft. Als das Ruder ihn berührte, drehte er sich wie ein Kork um sich selbst und verstummte. Bis auf den heutigen Tag glaubt Hurst, daß es Captain Smith war.

Während sie hinaustrieben in die einsame Nacht, weg von den Wrackteilen und den Schwimmern, fragte einer der Matrosen, die auf dem Kiel lagen, zögernd: „Meint ihr nicht, daß wir vielleicht beten sollten? "

Alle stimmten zu. Eine rasche Umfrage ergab, daß hier Katholiken, Presbyterianer, Mitglieder der Episkopalkirche, Methodisten alle zusammengeworfen waren, also einigten sie sich auf das Vaterunser. Im Chor riefen sie es in die Nacht hinaus mit dem Mann, der es vorgeschlagen hatte, als Vorbeter.

Es war nicht der einzige Laut, der über das Wasser dahintrieb. Während immer mehr Menschen an Bord der Flöße A und B krochen, riefen Hunderte von Schwimmern um Hilfe. Die einzelnen Stimmen gingen unter in einem gleichmäßigen, alles übertönenden Schrei. Heizer George Kemish, der in Boot Nr. 9 an seinem Ruder zerrte, erschien es wie der Lärm von hunderttausend Zuschauern bei einem englischen Pokalendspiel. Jack Thayer, der auf dem Kiel von Floß B lag, mußte an das grelle Lärmen der Heuschrecken in einer Mittsommernacht daheim in den Wäldern von Pennsylvania denken.

„ERINNERT MICH AN EIN VERDAMMTES PICKNICK“

Die Schreie in der Nacht bedeuteten für den lebhaften, impulsiven Fünften Offizier Lowe nur eins – zurückrudern und helfen.

Und er hatte die Möglichkeit, etwas zu tun. Nach Verlassen der *Titanic* in Nr. 14 hatte er die Boote Nr. 10, Nr. 12, Nr. 4 und D, wie ein Schäferhund die Herde, zusammengetrieben; ungefähr 150 Meter von der Untergangsstelle entfernt waren alle fünf zusammengebunden wie Perlen auf einer Schnur.

„Sie stehen unter meinem Kommando!" verkündete er, und jetzt organisierte er seine Flottille für die Rettungsarbeit. Es wäre Selbstmord gewesen, alle Boote hinzuschicken – sie waren zu schwach bemannt, um dem höllischen Durcheinander entgegentreten zu können –, aber ein Boot mit einer sorgfältig ausgesuchten Crew würde einiges Gutes tun können. Also verteilte Lowe seine 55 Passagiere auf die anderen vier Boote und nahm aus jedem Boot Freiwillige an Bord, um mit guten Ruderern losfahren zu können.

Es war eine nervenzermürbende Sache, dieses Umsteigen von einem Ruderboot ins andere um 2.30 Uhr früh mitten auf dem Atlantik. Fast ging es über Lowes Kraft. „Springen Sie, verdammt noch mal, springen Sie!" schrie er ungeduldig Miß Daisy Minahan an. Andererseits erschien ihm eine alte Dame, dicht eingehüllt in einen Schal, viel zu flink. Lowe riß den Schal weg und blickte in das angstvolle Gesicht eines jungen Mannes – die Augen weiß vor Entsetzen. Diesmal sagte er nichts, aber er stieß den Mann in Boot Nr. 10, so grob er nur konnte.

Das Umsteigen dauerte seine Zeit. Dann verging noch mehr Zeit, während Lowe darauf wartete, daß die Zahl der Schwimmer genügend abnahm, um eine Expedition dorthin mit einiger Sicherheit unternehmen zu können. Schließlich noch mehr Zeit, die mit dem Hinrudern verging. Es war nach drei Uhr – fast eine Stunde nach dem Untergang –, als Boot Nr. 14 sich vorsichtig in die Wrackteile und die Menschen hineinschob.

Es war wenig übriggeblieben – Steward John Stewart ... Erster-Klasse-Passagier W. F. Hoyt ... ein japanischer Zwischendeckspassagier, der sich an einer Tür festgebunden hatte. Fast eine Stunde lang spielte Boot Nr. 14 ein hoffnungsloses Blinde-Kuh-Spiel. Es jagte den Rufen und Schreien nach, die aus der Dunkelheit kamen, und schien doch nie den Rufenden erreichen zu können.

Nur vier konnten sie an Bord nehmen, und Mr. Hoyt starb nach einer Stunde. Lowe hatte die Zeit unterschätzt, die es dauerte, um hinzurudern ... die es dauerte, einer Stimme in der Dunkelheit nachzurudern und den Mann ausfindig zu machen ... vor allem aber hatte er sich in der Zeit verschätzt, die ein Mensch in –2 Grad Celsius kaltem Wasser überleben kann. Jetzt merkte er, daß es nicht nötig gewesen wäre, zu warten, bis die Zahl der Schwimmer abgenommen hatte. Aber immerhin ist Lowe doch zurückgerudert.

Auch Dritter Offizier Pitman in Boot Nr. 5 hörte die Schreie. Er wendete und rief: „Jetzt, Männer, rudern wir zu dem Wrack!"

„Bitten Sie den Offizier, nicht zurückzugehen", bat eine Dame den Steward Etches, als er sich mit Macht in die Riemen legte. „Warum sollen wir alle umkommen in einem zwecklosen Versuch, andere von dem Schiff zu retten?"

Auch andere Frauen protestierten. Pitman war hin und her gerissen. Schließlich widerrief er seinen Befehl und ließ die Riemen glattlegen. In der nächsten Stunde hob und senkte sich Nr. 5 – vierzig Menschen in einem

Boot, das fünfundsechzig fassen konnte – sanft in der ruhigen Atlantikdünung, während die Bootsinsassen den 300 Meter entfernten Schwimmern lauschten.

Steward Johnson erinnert sich daran, wie in Boot Nr. 2 Vierter Offizier Boxhall die Damen fragte: „Sollen wir zurückrudern?" Sie sagten nein; also trieb auch Boot Nr. 2 – zu etwa 60 Prozent besetzt – herum, während die Insassen lauschten.

Die Damen in Boot Nr. 6 waren anders. Mrs. Lucien Smith machte sich bittere Vorwürfe, daß sie der raschen kleinen Notlüge ihres Mannes geglaubt und ins Boot gegangen war, Mrs. Churchill Candee dachte bewegt an die Ritterlichkeit der Männer, die sich selbst zu ihren Beschützern gemacht hatten, Mrs. J. J. Brown war von Natur aus tapfer und unternehmend – sie alle baten Vollmatrosen Hitchens, an die Untergangsstelle zurückzukehren. Er malte ihnen in düsteren Farben aus, wie die Schwimmer sich in ihrer Not auf das Boot stürzen würden, wie es vollschlagen und kentern würde. Die Frauen baten dennoch, umzukehren. Die Schreie und Hilferufe wurden schwächer. Boot Nr. 6 – Tragkraft 65, besetzt mit 28 Personen – näherte sich der Untergangsstelle nicht.

In Nr. 1 rief Heizer Charles Hendrickson: „Wir müssen zurückkehren und an Bord nehmen, wen wir im Wasser finden."

Niemand antwortete. Ausguck George Symons, der das Kommando innehatte, unternahm nichts. Als dann der Vorschlag wiederholt wurde, erklärte Sir Cosmo Duff Gordon, seiner Meinung nach solle man diesen Versuch unterlassen, die Sache sei sehr gefährlich, das Boot würde vollschlagen. Damit war das Thema erledigt. Nr. 1 – 12 Menschen in einem Boot, das für 40 vorgesehen war – ruderte ziellos in der Dunkelheit umher.

In einem Boot nach dem anderen war es das gleiche: Ein zaghafter Vorschlag, eine entschiedene Ablehnung, nichts wird unternommen. Von den 1600 Menschen, die mit der *Titanic* untergingen, wurden nur 13 von den 18 Booten an Bord genommen, die sich in der Nähe aufhielten. Floß D nahm Mr. Hoyt auf, weil er es von vornherein so geplant hatte. Boot Nr. 4 rettete acht Menschen – nicht weil es zurückgerudert war, sondern weil es sich innerhalb der Reichweite guter Schwimmer befand. Nur Nr. 14 kehrte an die Untergangsstelle zurück. Warum die anderen es nicht taten, ist Teil des Geheimnisses, warum ausgebildete Männer sich in einer gleichen Situation so verschieden verhalten.

Als die Schreie erstarben, wurde die Nacht seltsam friedvoll. Mit der *Titanic* war auch die qualvolle Spannung verschwunden. Der Schock des Geschehens, die noch bevorstehende Verwirrung und Erregung, die Einsicht, daß nahe Freunde für immer verloren waren, das alles war den Menschen noch nicht klargeworden. Eine merkwürdig ruhevolle Stimmung kam über viele der Bootsinsassen.

Mit dem Gefühl der Ruhe kam das der Verlassenheit. Lawrence Beesley dachte darüber nach, wie es käme, daß die *Titanic* selbst dann noch, als sie tödlich verwundet war, allen ein Gefühl der Gemeinsamkeit und der Sicherheit schenkte, das kein Rettungsboot ersetzen konnte. In Nr. 3 beobachtete Elizabeth Shutes die fallenden Sternschnuppen und dachte, wie verschwindend klein und unwichtig die Raketen der *Titanic* ausgesehen haben mußten, die da in einen Wettstreit mit der Natur eingetreten waren. Sie versuchte, ihr Gefühl der Verlassenheit zu übertönen, indem sie sich ganz fest vorstellte, sie sei wieder in Japan. Zweimal hatte sie dort auch nachts weggehen müssen, einsam und voll Angst, aber schließlich war dann alles wieder gut geworden.

In Boot Nr. 4 beobachtete auch Miß Jean Gertrude Hippach die Sternschnuppen – sie hatte noch nie so viele gesehen. Sie mußte an die alte Legende denken, daß bei jeder Sternschnuppe ein Mensch stirbt.

Langsam – sehr langsam – raffte sich das Leben in den Booten wieder auf. Vierter Offizier Boxhall begann, grüne Leuchtkugeln von Boot Nr. 2 aus abzuschießen. Das riß die Menschen aus ihrer Trance und munterte sie zugleich auf. Es war schwer, die Entfernung zu schätzen, und einige glaubten, die grünen Leuchtkugeln seien von Rettungsschiffen am Horizont abgeschossen worden.

Riemen quietschten und klatschten aufs Wasser, Stimmen sangen aus, als die Boote einander in der Dunkelheit anriefen. Nr. 5 und 7 machten aneinander fest, ebenso Nr. 6 und 16. Boot Nr. 6 borgte sich einen Heizer, um besser rudern zu können. Andere Boote trieben auseinander. Über einen Radius von vier oder fünf Seemeilen wanderten 18 kleine Boote durch die Nacht oder trieben zusammen auf einer See, die flach war wie ein Trinkwasserreservoir. Ein Heizer in Nr. 13 fühlte sich an freie Nachmittage erinnert, die er auf dem See des Londoner Regent's Park verbracht hatte, und er platzte heraus: „Erinnert mich an ein verdammtes Picknick!"

Und bisweilen wirkte es tatsächlich wie ein Picknick – unverbindliches Geplauder, die Kinder zu Füßen. Lawrence Beesley versuchte, eine Decke wieder über die Zehen eines weinenden Babys zu ziehen, und entdeckte, daß er und die Dame, die das Baby in den Armen hielt, gemeinsame enge Freunde in Clonmel, Irland, hatten. Edith Russel brachte ein kleines Kind zum Lachen mit ihrem Spielzeugschwein, das die *Maxixe* spielte, wenn man an dem Ringelschwanz drehte. Hugh Woolner fütterte den vierjährigen Louis Navratil mit kleinen Keksen. Mrs. John Jacob Astor lieh einer Frau aus dem Zwischendeck ihren Schal für ihre kleine Tochter, die vor Kälte wimmerte. Die Frau dankte Mrs. Astor auf schwedisch und wickelte den Schal um das kleine Mädchen.

Etwa um die gleiche Zeit wurde Marguerite Frölicher mit einem wichtigen Ausrüstungsstück bekanntgemacht, das auf keinem Picknick fehlen sollte. Immer noch zu Tode seekrank, fiel sie einem freundlichen Herrn auf, der in der Nähe saß. Er zog eine silberne Reiseflasche mit Becherverschluß hervor und meinte, daß ein Schluck Cognac ihr sicherlich guttun würde. Sie folgte dem Vorschlag, und sofort ging es ihr besser. Vielleicht war es der Cognac, vielleicht war es die Neuartigkeit des Erlebens – in all ihren 22 Jahren hatte sie noch nie eine Reiseflasche gesehen, und sie war fasziniert.

Aber noch nie zuvor war ein Picknick so kalt gewesen. Mrs. Crosby zitterte in Boot Nr. 5 so stark vor Kälte, daß Dritter Offizier Pitman ein Segel um sie wickelte. Ein Heizer in Nr. 6 saß neben Mrs. Brown, und seine Zähne klapperten. Schließlich wickelte sie ihre Zobelpelzstola um seine Beine. Die Schwanzenden band sie um seine Fußgelenke zusammen. In Nr. 16 sah ein Mann in weißem Pyjama so kalt aus, daß er die anderen Passagiere an einen Schneemann erinnerte. Mrs. Charlotte Collyer war so steif gefroren, daß sie in Nr. 14 von ihrem Sitz stürzte; ihr Haar fing sich in einer Ruderrolle, ein großes Büschel wurde an der Wurzel herausgezogen.

Die Besatzungen taten ihr Bestes, um es den Frauen ein wenig zu erleichtern. In Nr. 5 zog ein Matrose seine Strümpfe aus und gab sie Mrs. Washington Dodge. Als sie in überraschter Dankbarkeit aufblickte, erklärte er: „Ich versichere Ihnen, gnädige Frau, sie sind vollkommen sauber. Ich habe sie erst heute morgen angezogen."

In Nr. 13 zitterte Heizer Beauchamp in seiner dünnen Bluse, aber er weigerte sich, das Angebot einer alten Dame anzunehmen, die ihm ihren zweiten Mantel geben wollte, und bestand darauf, daß sie ihn statt dessen einem jungen irischen Mädchen gäbe. Für die Leute in diesem Boot gab es dann noch eine unverhoffte Erleichterung. Als Steward Ray seine Kabine zum letztenmal verließ, hatte er sich noch sechs Taschentücher aus seiner Seekiste eingesteckt. Jetzt verteilte er sie und sagte den Leuten, sie sollten in jede Ecke einen Knoten machen und sie als Mütze verwenden. Das Ergebnis waren, wie er sich mit Stolz erinnert, „sechs gekrönte Häupter".

Aber neben der Kälte zerstörte auch die Zahl der Ruderinnen die Picknickillusion. In Nr. 4 ruderte Mrs. John B. Thayer fünf Stunden lang, während ihr das Wasser bis zum Schienbein reichte. In Nr. 6 organisierte die unverwüstliche Mrs. Brown die Frauen, zwei an einen Riemen. Eine mußte den Riemen an Ort und Stelle halten, während die andere kräftig zog. Auf diese Weise trieben Mrs. Brown, Mrs. Meyer, Mrs. Candee und andere das Boot einige drei oder vier Seemeilen weit in dem hoffnungslosen Bemühen, das Licht einzuholen, das fast die ganze Nacht am Horizont funkelte.

Mrs. Walter Douglas hatte die Ruderpinne in Boot Nr. 2 übernommen. Boxhall, der das Kommando innehatte, half beim Rudern und beim Abfeuern der grünen Leuchtkugeln. Mrs. J. Stuart White half nicht beim Rudern in Boot Nr. 8, sondern ernannte sich selbst zu einer Art Signalgast. Sie besaß einen Spazierstock mit eingebauter Taschenlampe, und fast die ganze Nacht wedelte sie wild und entschlossen mit dem Stock herum, abwechselnd den anderen helfend und sie verwirrend.

In Nr. 8 zogen Marie Young, Gladys Cherry, Mrs. F. Joel Swift und andere an den Riemen. Mrs. William R. Bucknell bemerkte mit Stolz, daß sie Seite an Seite mit der Gräfin von Rothes ruderte, weiter achtern im Boot ruderte ihre Zofe neben der Zofe der Gräfin. Den größten Teil der Nacht handhabte die Gräfin die Ruderpinne. Matrose Jones, der das Kommando führte, erklärte später in einem Interview mit *The Sphere,* warum er ihr diesen Posten gegeben hatte: „Da war eine Frau in meinem Boot, das war eine Frau . . . Als ich sah, wie sie sich hielt, und hörte, wie ruhig entschlossen sie mit den anderen sprach, da wußte ich, daß sie besser ihren Mann stand als jeder, den wir an Bord hatten.“ In seiner Aussage vor der amerikanischen Untersuchungskommission drückte Jones sich etwas weniger elegant aus, vielleicht, weil ihm hier die führende Hand der Presse fehlte: „Sie hatte eine Menge zu reden, also hab' ich sie an die Ruderpinne gesetzt.“

Aber es ist kein Zweifel daran, wie ihm wirklich zu Mute war. Nach der Rettung entfernte Jones die Nummer „8“ von dem Rettungsboot, ließ sie einrahmen und schickte sie der Gräfin, um ihr seine Bewunderung auszudrücken. Sie ihrerseits schreibt ihm immer noch zu jedem Weihnachtsfest.

Mit fortschreitender Nacht begann die anfängliche Gefaßtheit allmählich zu schwinden. In Nr. 3 rief Mrs. Charles Hays die näherkommenden Boote an und rief hinüber, ob ihr Mann da sei. „Charles Hays, bist du da?“ rief sie immer wieder. In Nr. 8 weinte Signora de Satode Penasco nach ihrem Mann Victor, bis die Gräfin von Rothes es nicht mehr ertragen konnte. Sie übergab ihrer Kusine Gladys Cherry die Ruderpinne und setzte sich neben die Signora. Den Rest der Nacht ruderte sie an ihrer Seite und versuchte, sie aufzumuntern. In Nr. 6 rief Madame de Villiers unablässig nach ihrem Sohn, der nicht einmal auf der *Titanic* gewesen war.

Allmählich flackerte hier und da Streit auf. Die Frauen in Nr. 3 zankten sich um Kleinigkeiten, während ihre Männer peinlich berührt schweigend dasaßen. Mrs. Washington Dodge – die entgegen dem Wunsch fast aller anderen Insassen des Bootes Nr. 5 hatte zurückrudern wollen – steigerte sich in eine solche Verbitterung, daß sie mitten auf dem Ozean in ein anderes Boot umstieg, und zwar in Boot Nr. 7, das nahe herangekommen war. Maud Slocombe, die unverwüstliche Masseuse der *Titanic,* half tüchtig mit, eine Frau auszuschelten, die in Nr. 11 auf den Einfall gekommen war, immer wieder einen Wecker rasseln zu lassen. Matrose Diamond, ein ehemaliger Boxer, der in Nr. 15 das Kommando führte, äußerte Flüche, die die Nachtluft noch blauer machten.

Oft drehten sich die Streitigkeiten um das Rauchen. Im Jahre 1912 war der Tabak noch nicht das große Allheilmittel für Nervosität und Aufregung, und die Frauen in den Booten waren schockiert. Miß Elizabeth Shutes bat zwei Männer, die in ihrer Nähe in Nr. 3 saßen, das Rauchen einzustellen, aber sie rauchten weiter. Noch bei der offiziellen Untersuchung war Mrs. J. Stuart White über diese Sache erbost. Als Senator Smith sie fragte, ob sie noch irgend etwas zur Disziplin der Mannschaften bemerken möchte, explodierte sie: „Als wir uns vom Schiff lösten, nahmen diese Stewards Zigaretten heraus und steckten sie an. Das in einer solchen Situation!“

In der ungezwungenen Vertraulichkeit des Bootes

Nr. 1 war das Rauchen kein Problem. Als Sir Cosmo Duff Gordon dem Heizer Hendrickson eine gute Zigarre gab, konnte keine der Frauen im Boot gut protestieren. Miß Francatelli war Angestellte der Gattin Sir Cosmos, und Lady Duff Gordon war zu seekrank, um sich darum zu kümmern. Mit dem Kopf tief auf Riemen und Takelwerk, übergab sie sich die ganze Nacht.

Aber auch Nr. 1 hatte seinen Zank. Sir Cosmo und Mr. C. E. Henry Stengel aus Newmark, New Jersey, vertrugen sich nicht sehr gut. In einem vollbesetzten Boot hätte das nichts ausgemacht, aber mit nur 12 Leuten an Bord ging es einem an die Nerven. Wie Sir Cosmo später sagte, rief Mr. Stengel immer wieder so laut er konnte: „Boot ahoi!" Auch machte er Ausguck Symons widersprechende Angaben über die Richtung, in die er halten solle. Niemand achtete viel auf ihn, aber es irritierte Sir Cosmo so sehr, daß er Mr. Stengel schließlich aufforderte, ruhig zu sein. Sir Cosmo ärgerte sich doppelt, als Mr. Stengel später aussagte: „Sir Cosmo und ich beschlossen nach sorgfältiger Überlegung, in welche Richtung wir steuern sollten."

Inzwischen grollte es in Heizer Pusey über Lady Duff Gordons Bemühungen, Miß Francatelli über den Verlust ihres Nachthemdes zu trösten. Er sagte mit einiger Schärfe zu ihr: „Beruhigen Sie sich endlich, Sie haben Ihr Leben gerettet; aber wir haben unsere Ausrüstung verloren."

Eine halbe Stunde später, immer noch grollend, wandte Pusey sich an Sir Cosmo: „Sie haben wohl auch alles verloren?"

„Natürlich.“

„Aber Sie können sich wieder etwas anschaffen? “

„Ja.“

„So. Wir haben unsere Ausrüstung verloren, und von der Reederei kriegen wir sie nicht wieder. Aber das ist noch nicht alles; unsere Heuer kriegen wir bloß bis heute nacht ausbezahlt.“

Sir Cosmo hatte genug: „Na schön, ich gebe Ihnen allen hier im Boot fünf Pfund als Anfang für eine neue Ausrüstung.“

Und das tat er auch, aber er sollte es noch bereuen. Da die Duff Gordons fast allein in Boot Nr. 1 saßen und das Boot dann später nicht zurückruderte, sah das Geschenk später wie eine Bezahlung für geleistete Dienste aus, und es dauerte lange, ehe die Sache in Vergessenheit geriet.

Auch die folgenden Ereignisse waren seinem Ruf nicht zuträglich. Als Lady Duff Gordon die Männer nach der Rettung mit Schwimmwesten aufstellte, um ein Gruppenbild zu machen, sahen sie mehr und mehr wie die persönliche Bootsbesatzung der Duff Gordons aus. Und als es dann noch später herauskam, daß Ausguck Symons, nominell der Kommandant des Bootes, den Tag vor seiner Aussage bei der britischen Untersuchung mit Sir Cosmos Rechtsanwalt verbracht hatte, da sah es nun auch noch so aus, als habe Sir Cosmo sogar seinen privaten Bootsmann gehabt.

Es gibt keinerlei Anzeichen dafür, daß Sir Cosmo sich irgend etwas hat zuschulden kommen lassen, wenn man von äußerstem Mangel an Geschmack absieht.

Einige Schwierigkeiten verursachte auch das Trinken. Als Nr. 4 ein Mitglied der Besatzung aus dem Wasser fischte, hatte der Mann eine Flasche Cognac in der Tasche. Sie wurde dann über Bord geworfen, weil man, wie er ein paar Wochen später der Presse erklärte, „befürchtete, daß sie möglicherweise einer hysterischen Person in dem Boot in die Hände fallen könnte, was vielleicht böse Folgen gehabt hätte". Miß Eustis berichtete über den Vorfall etwas anderes: „Ein Mann war betrunken und hatte eine Flasche Cognac in der Tasche, die der Vollmatrose prompt über Bord warf, und der Betrunkene wurde auf den Boden des Bootes geworfen . . ."

Andere Sorgen hatte man in Boot Nr. 6. Reibungen entstanden von dem Augenblick an, als Major Peuchen die Leine hinabglitt, um die Besatzung zu vervollständigen. Der befehlsgewohnte Peuchen konnte der Versuchung, das Kommando zu übernehmen, nicht widerstehen. Vollmatrose Hitchens dachte anders darüber. Als sie von der *Titanic* wegruderten, ruderte Peuchen, und Hitchens saß an der Ruderpinne, aber nach zehn Minuten forderte Peuchen ihn auf, eine der Damen steuern zu lassen und beim Rudern zu helfen. Der Vollmatrose erwiderte, daß er das Kommando führe und daß es Peuchens Aufgabe sei, zu rudern.

Langsam quälte sich das Boot vorwärts. Nur Peuchen und Ausguck Fleet ruderten. Unter der Führung von Mrs. Brown kamen dann allmählich die meisten Frauen und halfen mit, aber Hitchens blieb wie angenagelt an seiner Ruderpinne sitzen und rief ihnen zu, schneller zu rudern, oder sie würden alle in den Sog geraten, wenn die *Titanic* unterginge.

Die Frauen begannen, ihm ihre Meinung ebenfalls zuzurufen, und während das Boot unter Klatschen und Spritzen durch die Dunkelheit kroch, hallte die Nacht wider von erbittertem Streit. Fast die ganze Zeit steuerte Nr. 6 auf das flüchtige Licht am Horizont zu, und als es klarwurde, daß sie es nie erreichen könnten, verkündete Hitchens, daß nun alles verloren sei, sie hätten weder Wasser noch Lebensmittel noch Kompaß noch Karten, sie seien Hunderte von Meilen vom Land entfernt und wüßten nicht einmal, in welche Richtung sie ruderten.

Major Peuchen hatte es inzwischen aufgegeben, aber die Frauen zogen gegen ihn zu Felde. Mrs. Candee zeigte ihm wütend den Polarstern. Mrs. Brown rief ihm zu, er solle den Mund halten und rudern. Mrs. Meyer spottete über seinen Mut.

Dann machten sie eine Leine an Boot Nr. 16 fest, und Hitchens befahl, das Boot jetzt treiben zu lassen. Aber die Frauen konnten die Kälte nicht ertragen und bestanden darauf, weiterzurudern, um sich warm zu halten. Mrs. Brown übernahm das Kommando, wies einem rußbeschmierten Heizer, der von Nr. 16 herübergekommen war, einen Riemen zu und befahl allen, wieder zu rudern. Hitchens ging auf sie zu, um sie zu hindern. Mrs. Brown erklärte, wenn er noch einen Schritt näher käme, würde sie ihn über Bord werfen.

Er ließ sich auf eine Bank fallen, wickelte sich in eine Decke und begann, heftig und laut zu schimpfen.

Mrs. Meyer nahm das nicht wortlos hin – sie warf ihm vor, alle Decken genommen und allen Whisky ausgetrunken zu haben. Hitchens bedachte sie mit einigen ausgesuchten Flüchen. Der neu hinzugekommene Heizer, der sich fragte, wo er hier bloß um alles in der Welt hineingeraten sei, rief ihm zu: „Hör einmal, du weißt wohl nicht, daß du mit einer Dame sprichst!"

Hitchens schrie ihn an: „Ich weiß, mit wem ich rede, und ich kommandiere in diesem Boot!"

Aber der Zwischenruf dieses Heizers hatte Erfolg, der Vollmatrose verfiel in brütendes Schweigen. Boot Nr. 6 ruderte weiter durch die Nacht mit einem schweigenden Hitchens, einem ausgeschalteten Peuchen und mit Mrs. Brown als de-facto-Kommandantin.

Sogar die Männer, die sich verzweifelt an das kieloben treibende Floß B klammerten, hatten Zeit, sich um Kleinigkeiten zu streiten. Oberst Gracie – dessen Zähne klapperten und dessen vom Seewasser verfilztes Haar steifgefroren war – bemerkte, daß sein Nebenmann eine trockene Sportmütze aufhatte. Der Oberst bat ihn darum, ihm die Mütze einen Augenblick zu leihen, damit er seinen Kopf wieder etwas warm bekäme. „Und was soll ich solange tun?" erwiderte der Mann wie aus der Pistole geschossen.

Auf Floß B war es um die Nerven verständlicherweise nicht gut bestellt. Die unter dem Boot eingeschlossene Luft entwich langsam, und von Minute zu Minute sank es etwas tiefer ins Wasser. Gelegentlich spülte die See über den Kiel, und eine unbedachte Bewegung konnte sie alle ins Wasser werfen. Kühle, überlegte Führung war hier dringend nötig.

Mit Erleichterung hörte Gracie daher in diesem Augenblick die tiefe, volltönende Stimme des Zweiten Offiziers Lightoller, und mit noch größerer Erleichterung hörte er, was ein leicht bezechter Mann von der Besatzung rief: „Wir werden alle gehorchen, wenn der Offizier befiehlt."

Lightoller reagierte rasch. Er hatte erkannt, daß nur gemeinsames, organisiertes Handeln das Floß im Gleichgewicht halten könne, und er ließ alle 30 Mann aufstehen. Er stellte sie in einer Doppelreihe mit dem Gesicht zum Bug auf. Wenn das Floß sich dann schwerfällig nach einer Seite wälzte, rief er: „Nach rechts lehnen!" ... „Gerade stehen!" – je nachdem was gerade nötig war, um der Dünung entgegenzuwirken.

Während sie ihr Gewicht nach dieser oder jener Seite verlagerten, riefen sie alle eine Zeitlang immer wieder: „Boot ahoi! Boot ahoi!" Lightoller sagte schließlich, sie sollten aufhören damit und ihre Kräfte schonen. Es wurde noch kälter, und der Oberst klagte wieder über seinen Kopf. Diesmal wandte er sich an Lightoller. Ein anderer Mann bot ihnen beiden einen Schluck aus einer Taschenflasche an. Sie lehnten ab, machten ihn aber auf Walter Hurst aufmerksam, der ganz in der Nähe stand und vor Kälte zitterte. Hurst dachte, es sei Cognac, und nahm einen tiefen Schluck. Fast wäre er erstickt – es war Pfefferminzgeist.

Sie redeten erstaunlich viel. Hilfskoch John Maynard erzählte, wie Captain Smith neben dem Floß geschwommen habe, kurz bevor die *Titanic* untertauchte. Sie zogen ihn auf das Floß, aber er glitt wieder ins Wasser. Später behauptete Heizer Harry Senior, der Captain habe sich absichtlich wieder ins Wasser fallen lassen, und er habe noch gesagt: „Ich will dem Schiff folgen!“ Es mag wahr sein, aber Hurst ist sicher, daß der Captain das Floß überhaupt nie erreichte. Außerdem war Senior einer der letzten, die ankamen – wahrscheinlich zu spät, um den Captain noch gesehen zu haben.

Am meisten sprachen sie von ihren Aussichten auf Rettung. Lightoller hatte bald Harold Bride entdeckt, den Zweiten Funker, der im Heck des Floßes stand, und von seinem Standort vorn am Bug fragte er ihn, welche Schiffe auf dem Weg zu ihnen seien. Bride rief zurück: die *Baltic,* die *Olympic,* die *Carpathia.* Lightoller meinte, daß die *Carpathia* gegen Tagesanbruch da sein müsse, und sagte das den anderen, um ihnen wieder Mut zu machen.

Von diesem Augenblick an suchten sie den Horizont nach irgendwelchen Anzeichen ab. Von Zeit zu Zeit wurden sie von den grünen Leuchtkugeln aufgemuntert, die Boxhall in Boot Nr. 2 abfeuerte. Selbst Lightoller meinte, sie müßten von einem anderen Schiff stammen.

Langsam verstrich die Nacht. Gegen Morgengrauen erhob sich eine leichte Brise, und die Luft schien noch eisiger geworden zu sein. Die See warf kurze, heftige Wellen. Bitter kaltes Wasser klatschte über die Füße, die Schienbeine, die Knie der Männer auf Floß B. Der Gischt stach wie mit Dolchen in ihre Leiber und blendete ihre Augen. Ein Mann, dann ein zweiter, dann ein dritter rollte über das Heck und verschwand. Die anderen verstummten, mit letzter Kraft der Aufgabe hingegeben, am Leben zu bleiben.

Auch die See schwieg. Niemand sah eine Spur des Lebens auf den Wogen, die den glatten Atlantik überkräuselten, als das erste Licht des Morgens in Streifen über den Himmel schoß.

Aber ein Mann lebte noch – dank einer bemerkenswerten Kombination von Initiative, Glück und Alkohol. Vor vier Stunden war Chefbäcker Charles Joughin wie so viele andere auf der *Titanic* von dem seltsamen, knirschenden Scharren aufgewacht. Und wie so viele andere hörte er ein wenig nach Mitternacht den Befehl „Auf die Stationen".

Aber Joughin meldete sich nicht einfach so, wie er war, auf dem Bootsdeck. Er sagte sich, daß, wer Boote braucht, auch Proviant nötig hat. So holte er also aus eigener Initiative seine 13 Bäcker zusammen und plünderte die Speisekammer der *Titanic* von allen Brotvorräten. Die Bäcker trabten dann nach oben mit je vier Broten unter dem Arm.

Als das geschafft war, zog sich Joughin in seine Kabine an der Backbordseite des E-Decks zurück und genehmigte sich einen Schluck Whisky.

Gegen 12.30 Uhr fühlte er sich ausreichend gestärkt, um den Aufstieg zu seinem Boot, Nr. 10, in Angriff zu nehmen. Zu dieser Zeit war es noch schwierig, die Frauen zu überreden, in die Boote zu gehen, also nahm Joughin seine Zuflucht zu stärkeren Maßnahmen. Er stieg hinab aufs Promenadendeck und holte einige mit

Gewalt herauf. Dann, um in seinen eigenen Worten zu sprechen, „warf“ er sie in das Boot. Hart, aber wirkungsvoll.

Joughin war Boot Nr. 10 als Skipper zugeteilt worden, aber er fand, es seien genügend Männer im Boot, die die Sache in die Hand nehmen konnten, also sprang er wieder hinaus und half, es zu Wasser zu lassen. Im Boot zu bleiben, erklärte er, „hätte ein schlechtes Beispiel abgegeben“.

Es war jetzt 1.20 Uhr. Er kletterte hastig und stolpernd die schrägen Treppen zu seiner Kabine auf das E-Deck hinunter und schenkte sich ein zweites Glas ein. Er setzte sich auf seine Koje und trank langsam und genießerisch den Whisky – wohl bemerkend, daß das Wasser jetzt zur Kabinentür hereingeplätschert kam, über das Linoleum mit dem Schachbrettmuster lief und im Nu über seine Schuhe reichte, aber es kümmerte ihn nicht besonders.

Gegen 1.45 Uhr steckte niemand anderer als der sanfte, alte Dr. O'Loughlin den Kopf zur Tür herein. Joughin dachte nicht daran, sich zu fragen, was der alte Herr hier unten wohl suchen könnte, aber die unmittelbare Nähe der Speisekammer läßt darauf schließen, daß den Bäcker und den Arzt etwa die gleichen Gedankengänge bewegten.

Wie dem auch sei, Joughin grüßte ihn flüchtig und kehrte dann wieder auf das Bootsdeck zurück. Das war nicht zu früh, denn die *Titanic* hatte jetzt schwere Schlagseite, und der Bug war viel tiefer weggesunken. Hätte er noch etwas länger gewartet, wären die Treppen vielleicht nicht mehr passierbar gewesen.

Obwohl jetzt alle Boote das Schiff verlassen hatten, war Joughin alles andere als entmutigt. Er ging hinab auf das B-Deck und begann, Deckstühle durch die Fenster der überdachten Promenade zu werfen. Andere sahen ihm zu, halfen aber nicht. Alles in allem warf er etwa 50 Stühle über Bord.

Es war eine anstrengende Arbeit; sobald er daher den letzten Stuhl an die Wand geschleift und durch das Fenster gezwängt hatte (es war ein wenig so wie das Einfädeln einer Nadel), begab sich Joughin in die Speisekammer an der Steuerbordseite des A-Decks. Es war 2.10 Uhr.

Während er seinen Durst löschte – dieses Mal mit Wasser –, hörte er es krachen, als ob irgend etwas Großes zusammengeknickt sei. Die Tassen und Untertassen der Speisekammer flogen ihm um die Ohren, die Lichter glühten nur noch rötlich, und über sich hörte er dröhnende Schritte nach achtern laufen.

Er schoß aus der Speisekammer zum achteren Ende des A-Decks, just hinter einem Schwarm von Menschen, die in der gleichen Richtung liefen und vom Bootsdeck heruntergeklettert kamen. Er hielt sich, so gut es ging, aus dem Gedränge und lief in der Nachhut der Menge. Er sprang die Treppe zum B-Deck hinab, dann zum Welldeck. Als er dort ankam, wälzte sich die *Titanic* mit einem gräßlichen Aufzucken nach backbord und schleuderte dabei die meisten Leute in einem Haufen zusammen an die Backbordreling.

Nur Joughin hielt sich im Gleichgewicht. Wachsam, ganz entspannt und gelockert, grenzte sein Balancevermögen ans Wunderbare, als das Heck immer höher stieg und Korkenzieherbewegungen nach backbord machte. Das Deck hatte jetzt so steile Schlagseite, daß man nicht mehr darauf stehen konnte, Joughin schlüpfte über die Steuerbordreling und stand jetzt auf der Flanke des Schiffes. Er arbeitete sich nach oben, wobei er sich immer noch an der Reling festhielt – aber von außen –, bis er die weißgestrichenen Stahlplatten des Poop-Decks erreicht hatte. Er stand jetzt auf dem abgerundeten Heckende des Schiffes, das sich hoch in die Luft gehoben hatte, annähernd 45 Meter über dem Wasser.

Joughin schnallte gelassen seine Schwimmweste fester. Dann warf er einen Blick auf die Uhr – es war 2.15 Uhr. Dann holte er sie noch einmal hervor, machte sie los und steckte sie in seine Hüfttasche. Schon wollte er sich Gedanken machen über seine Situation, als er merkte, wie das Heck unter seinen Füßen wegzusacken begann – es war wie im Fahrstuhl. Als die See sich über dem Heck schloß, machte Joughin einen Schritt nach vorn ins Wasser. Er tauchte nicht unter, sein Haar blieb trocken.

Er paddelte hinaus in die Nacht, das eiskalte Wasser machte ihm wenig aus. Es war vier Uhr, als er im ersten grauen Licht des Tages etwas erblickte, was er für Wrackteile hielt. Er schwamm hinüber und entdeckte, daß es das kieloben treibende Floß B war.

Auf dem Kiel drängten sich die Menschen, und er

konnte nicht hinaufklettern, also hielt er sich ein Weilchen in der Nähe auf, bis er einen alten Freund aus der Küche erspäht hatte – Entrée-Chef John Maynard. Blut erwies sich als dicker denn Wasser, Maynard streckte seine Hand aus, und Joughin hielt sich daran fest, wassertretend, immer noch völlig isoliert.

Die anderen bemerkten ihn nicht . . . zum Teil, weil sie zu erschöpft waren, um sich noch um irgend etwas besonders zu kümmern, zum Teil aber auch, weil jetzt aller Augen den südöstlichen Horizont absuchten. Es war wenig später als 3.30 Uhr, als sie es erstmals sahen – einen fernen Blitz, gefolgt von einem sehr weit entfernten Donner. In Boot Nr. 6 rief Miß Norton: „Da, es blitzt!" und Hitchens grollte: „Das ist eine Sternschnuppe." In Nr. 13 richtete sich ein Heizer, der fast bewußtlos vor Kälte auf dem Boden gelegen hatte, mit einem Satz auf und rief: „Das war eine Kanone!"

Bald erschien in der gleichen Richtung ein einzelnes Licht, dann ein zweites, dann eine Reihe von Lichtern und noch eine und noch eine. Ein großer Dampfer näherte sich und schoß Raketen ab, um den Menschen von der *Titanic* mitzuteilen, daß Hilfe auf dem Wege zu ihnen sei. In Nr. 9 rief Decksmann Paddy McGough plötzlich mit donnernder Stimme: „Laßt uns alle zu Gott beten, denn da ist ein Schiff am Horizont und kommt auf uns zu!"

Die Männer in Floß B taten einen Freudenschrei und fingen wieder an zu sprechen. Irgend jemand zündete eine Zeitung an in Nr. 3, schwenkte sie wild hin und her, dann Mrs. Davidsons Strohhut – er würde länger brennen. In Mrs. A. S. Jerwans Boot tauchten sie Taschentücher in Petroleum und zündeten sie als Rauchsignal an. In Nr. 13 drehten sie aus Briefen eine Papierfackel. Boxhall zündete die letzte grüne Leuchtkugel in Boot Nr. 2 an. In Nr. 8 schwenkte Mrs. White ihren elektrischen Stock wie nie zuvor.

Über das Wasser hinweg trieben Hurrarufe und gellende Schreie der Erleichterung. Sogar die Natur schien sich zu freuen, als die trübe Nacht dem zarten Lila und Korallenrot einer schönen Morgendämmerung wich.

Nicht alle sahen sie. Im halb vollgeschlagenen Floß A versuchte Olaus Abelseth, den Lebenswillen in einem Manne zu wecken, der halb erfroren neben ihm lag. Als der Tag anbrach, packte er den Mann bei der Schulter und richtete ihn auf, so daß er auf den Bodenbrettern saß. „Sieh da hinüber!" redete Abelseth ihm zu, „wir können ein Schiff sehen, Kopf hoch!"

Er ergriff eine Hand des Mannes und hob sie hoch. Dann rüttelte er den Mann an der Schulter. Aber der Mann sagte nur: „Wer sind Sie? " Und eine Minute später: „Lassen Sie mich . . . wer sind Sie? "

Abelseth stützte ihn eine Weile, aber es war so anstrengend, daß er schließlich ein Brett als Stütze nehmen mußte. Eine halbe Stunde später flammten erregende, warme, rosarote und goldene Farbtöne über den Himmel, aber für den Mann war es zu spät, um noch etwas davon zu sehen.

„WIR DAMPFEN NACH NORDEN WIE DER TEUFEL“

Mrs. Anne Crain wunderte sich über den fröhlichen Kaffeeduft, als sie in ihrer Kabine auf dem Cunard-Dampfer *Carpathia* lag, der sich von New York auf der Reise zum Mittelmeer befand. Es war fast 1.00 Uhr früh in der vierten Nacht auf See, und mittlerweile kannte Mrs. Crain den ruhigen, kleinen Dampfer gut genug, um das Gefühl zu haben, daß ein Zeichen von Tätigkeit nach Mitternacht ungewöhnlich sei, von frisch gekochtem Kaffee ganz zu schweigen.

Weiter achtern am selben Gang lag auch Miß Ann Peterson wach in ihrer Koje. Sie wunderte sich darüber, daß alle Lichter auf dem ganzen Schiff eingeschaltet waren – normalerweise herrschte zu dieser Zeit auf der mickrigen kleinen *Carpathia* ganz entschieden Feierabend.

Mr. Howard M. Chapin war eher besorgt als erstaunt. Er lag in der oberen Koje seiner Kabine auf dem A-Deck – mit dem Gesicht nur ein paar Zentimeter unter dem Bootsdeck. Irgendwann nach Mitternacht hatte ihn ein seltsames Geräusch plötzlich aufgeweckt. Es war ein Mann, der genau über seinem Kopf an Deck niedergekniet war. Am Tag zuvor war ihm aufgefallen, daß genau an dieser Stelle ein Rettungsbootfall an einer Klampe vertäut war, und jetzt war er überzeugt, daß der Mann das Rettungsboot klarmachte und daß irgend etwas nicht in Ordnung sei.

Ganz in der Nähe wachte Mrs. Louis M. Ogden auf und fand sich in einer kalten Kabine und einem mit Volldampf dahinbrausenden Schiff. Als sie den Lärm über ihrem Kopf hörte, war auch sie überzeugt davon, daß irgend etwas nicht stimmte. Sie rüttelte ihren Mann wach. Seine Diagnose beruhigte sie nicht – der Lärm, sagte er, käme von der Mannschaft, die da oben die Klampen unter den Rettungsbooten losschlüge. Er machte die Kabinentür auf und sah Stewards im Gänsemarsch, die Decken und Matratzen trugen. Auch das war nicht sehr beruhigend.

Hier und dort im ganzen Schiff lauschten die leichten Schläfer unruhig den gedämpften Kommandos, stampfenden Schritten, kreischenden Davits. Einige wunderten sich über die Maschinen – sie stampften viel härter, viel schneller als gewöhnlich. Die Matratzen rüttelten wild . . . die Zahnputzgläser rasselten laut in ihren metallenen Haltern . . . die Planken ächzten unter der Belastung. Aus dem Wasserhahn kam nur kaltes Wasser – an der Heizung konnte man drehen, soviel man wollte, es blieb kalt –, die Maschinen verschluckten offenbar jede Unze Dampf.

Am sonderbarsten war die bittere Kälte. Die *Carpathia* hatte am 11. April New York verlassen und war auf der Reise nach Gibraltar, Genua, Neapel und Fiume. Ihre 150 Passagiere der Ersten Klasse waren hauptsächlich ältere Amerikaner, die der Sonne nachreisten – zu der Zeit war Florida noch nicht als

Touristenland entdeckt. Ihre 575 Zwischendeckspassagiere waren fast alle Italiener und Slawen, die an ihr sonniges Mittelmeer zurückkehrten. Alle hatten sie an jenem Sonntagnachmittag die milde Brise des Golfstromes begrüßt. Gegen fünf Uhr nachmittags wurde es so warm, daß Mr. Chapin seinen Deckstuhl in den Schatten rückte. Jetzt war eine unglaubliche Veränderung eingetreten – der eisige Luftzug, der durch jeden Spalt und jeden Riß drang, fühlte sich an wie etwas aus der Arktis.

Auf der Brücke fragte sich Captain Arthur H. Rostron, ob er etwas vergessen habe. Seit 27 Jahren war er auf See – seit 17 auf Cunard-Schiffen –, aber dies war erst sein zweites Jahr als Cunard-Captain und erst sein dritter Monat auf der *Carpathia.* Der Hilferuf der *Titanic* war seine erste richtige Probe.

Als das CQD kam, hatte Rostron sich bereits schlafen gelegt. Harold Cottam, Funker der *Carpathia,* lief mit der Meldung hinauf zum Ersten Offizier Dean auf der Brücke. Zusammen rasten sie die Leiter hinab, durch das Kartenhaus und hinein in die Kabine des Captains. Rostron – der selbst im Halbschlaf Wert auf Disziplin legte – fragte sich, wohin es mit dem Schiff noch kommen solle, wenn die Leute auf diese Weise hereinplatzten. Sie hatten gefälligst anzuklopfen. Aber bevor er sie tadeln konnte, hatte Dean mit aufgeregter Stimme seine Meldung gemacht.

Rostron sprang mit einem Satz aus dem Bett, befahl sofort Gegenkurs und nahm dann – als dieser Befehl gegeben war – Cottam ins Verhör:

„Sind Sie sicher, daß es die *Titanic* ist und daß sie sofort Hilfe braucht?"

„Jawohl, Sir."

„Sind Sie absolut sicher?"

„Absolut."

„Gut. Teilen Sie ihr mit, daß wir, so schnell wir können, zu ihr kommen."

Rostron stürzte dann ins Kartenhaus und legte den neuen Kurs der *Carpathia* fest. Während er rechnete und kritzelte, sah er den Bootsmannsmaat mit ein paar Männern vorbeikommen, die die Decks schrubben sollten. Rostron befahl ihm, die Decks in Frieden zu lassen und die Boote klarzumachen. Der Maat starrte ihn mit offenem Mund an. Rostron beruhigte ihn: „Es ist alles in Ordnung, wir dampfen zu einem anderen Schiff, das in Seenot ist."

Nach wenigen Augenblicken war der neue Kurs festgelegt – Nord 52 West. Die *Carpathia* war 58 Meilen entfernt. Bei 14 Knoten würde es vier Stunden dauern. Zu lange.

Rostron ließ den Ersten Ingenieur Johnstone zu sich bitten und trug ihm auf, alles 'rauszuholen, was drin sei – Freiwache 'rausholen ... Heizung und Warmwasser abdrehen ... die letzte Unze Dampf in die Kessel.

Dann ließ Rostron den Ersten Offizier Dean kommen. Er trug ihm auf, alle Routinearbeiten abzubrechen, das Schiff für Rettungsarbeiten klarzumachen. Im einzelnen? Alle Boote klarmachen und ausschwenken ... Lampenbündel außenbords hängen ... alle

Gangway-Türen öffnen . . . Flaschenzüge und Leinen an jede Gangway . . . Schlingensitze für Kranke und Verletzte klarmachen, Segeltuch und Beutel für das Heraufholen von Kindern an jede Gangway . . . Jakobsleitern an Gangways und über die Bordwand klarmachen . . . Ladenetze vorbereiten, um Menschen damit aufnehmen zu können . . . vordere Ladebäume (mit Dampf in den Winschen) klarmachen, um Post und Gepäck an Bord nehmen zu können . . . und Öl bereithalten, das auf beiden Seiten durch die Aborte in die See geschüttet werden kann, falls Seegang aufkommt.

Dann rief er den Schiffsarzt, Dr. McGhee: alle Stärkungs- und Anregungsmittel, die an Bord sind, zusammensuchen . . . Erste-Hilfe-Stationen in jedem Speisesaal einrichten . . . dem ungarischen Arzt die Dritte Klasse übergeben . . . dem italienischen Doktor die Zweite . . . McGhee selbst übernimmt die Erste Klasse.

Jetzt war Zahlmeister Brown an der Reihe: dafür sorgen, daß der Chefsteward, der Hilfszahlmeister und er selbst je für eine andere Gangway sorgten – Passagiere der *Titanic* empfangen . . . ihre Namen feststellen . . . sie in den richtigen Speisesaal (je nach Klasse) dirigieren, wo sie ärztlich untersucht werden.

Schließlich ein neues Trommelfeuer von Befehlen für Chefsteward Harry Hughes: alle Mann wecken . . . Kaffee für alle kochen . . . Suppe, Kaffee, Tee, Cognac und Whisky für die Überlebenden bereithalten . . . Decken an jeder Gangway aufstapeln . . . Rauchsalon,

Gesellschaftsraum und Bibliothek in Schlafsäle für die Geretteten umwandeln . . . alle Zwischendeckspassagiere der *Carpathia* zusammenlegen, den gewonnenen Platz für das Zwischendeck der *Titanic* verwenden.

Während er seine Befehle gab, legte Rostron ihnen ans Herz, so leise wie möglich zu arbeiten. Die bevorstehende Aufgabe sei schon schwierig genug, auch ohne daß die Passagiere der *Carpathia* überall im Wege stünden. Je länger sie schliefen, desto besser. Als zusätzliche Vorsichtsmaßnahme wurden Stewards in allen Gängen stationiert. Sie hatten Befehl, jedem umherwandernden Passagier der *Carpathia* mitzuteilen, daß alles in völliger Ordnung sei, und ihn dringend aufzufordern, in seine Kabine zurückzukehren.

Dann schickte er einen Inspektor, den Feuerwerker und eine Gruppe von Stewards los, um die Zwischendeckspassagiere unter Kontrolle zu halten. Schließlich konnte man ja nicht wissen, wie sie reagieren würden, wenn man sie plötzlich umlogieren wollte.

Schlagartig herrschte überall im Schiff emsiges Leben. Unten im Maschinenraum schien plötzlich jeder eine Schaufel in der Hand zu haben und Kohlen auf die Feuer zu stapeln. Die Freiwache torkelte aus den Kojen und raste nach unten, um zu helfen. Die meisten ließen sich nicht einmal Zeit zum Anziehen. Schneller und schneller schob sich das alte Schiff durch die Nacht – 14 . . . 14 1/2 . . . 15 . . . 16 1/2 . . . 17 Knoten. Niemand hatte sich träumen lassen, daß die *Carpathia* das schaffen würde.

Im Mannschaftslogis wurde Steward Robert H.

Vaughan wach, als jemand an seiner Decke zerrte. Eine Stimme befahl ihm aufzustehen und sich anzuziehen. Es war stockdunkel, aber Vaughan hörte, daß die andern im Logis sich schon ihre Kleider überzogen. Er fragte, was los sei, und eine Stimme sagte, die *Carpathia* habe einen Eisberg gerammt.

Vaughan stolperte zu einem Bullauge und sah hinaus. Das Schiff raste voran, weiße Bugwellen fegten keilförmig nach achtern weg. Offensichtlich war alles in Ordnung mit der *Carpathia*. Verwirrt zogen Vaughan und seine Kumpels sich weiter an – das Durcheinander wurde noch dadurch gesteigert, daß irgend jemand ihre einzige Glühbirne gemaust hatte und sie sich im Dunkeln fertigmachen mußten.

Als sie an Deck kamen, befahl ihnen ein Offizier, Decken zu beschaffen. Dann in den Speisesaal Erster Klasse damit – der jetzt ein Bienenhaus hin und her hastender Männer war, die Stühle wegschleppten, Tische umstellten, Spirituosen von der Bar zum Buffet schafften. Immer noch konnten sich Vaughan und seine Kumpels nicht vorstellen, was das eigentlich alles zu bedeuten habe. An anderer Stelle erfuhr man, daß Captain Rostron 3000 Decken für „ebensoviele zusätzliche Passagiere" haben wolle. Aber warum wußte niemand.

Um 1.15 Uhr erfuhren sie es. Die Stewards wurden alle in den Hauptspeisesaal befohlen, und Chefsteward Hughes hielt eine kleine Ansprache. Er teilte ihnen mit, daß die *Titanic* in Seenot sei . . . erklärte ihnen ihre Aufgaben . . . machte eine Pause . . . schloß dann: „Jeder Mann auf seine Station, und möge er seine Pflicht erfüllen, wie man es von einem guten Engländer erwartet. Wenn die Situation es erfordert, wollen wir ein neues ruhmreiches Blatt der britischen Geschichte hinzufügen."

Dann gingen die Stewards wieder an die Arbeit, die meisten jetzt damit beschäftigt, Decken aus den Bettzeugkisten in den Gangways aufzustapeln. Diese Männer waren es, die Louis Ogden sah, als er zum erstenmal den Kopf aus der Kabine steckte. Jetzt beschloß er, es noch einmal zu versuchen. Er knöpfte sich Dr. McGhee vor, der gerade vorbeikam, aber der Arzt sagte nur: „Bitte bleiben Sie in Ihrer Kabine – Befehl des Captains."

„Ja, aber was ist los? "

„Unglücksfall, aber nicht auf unserem Schiff. Bleiben Sie in der Kabine."

Mr. Ogden teilte seiner Frau mit, was er erfahren hatte. Aus irgendeinem Grunde war er überzeugt davon, die *Carpathia* stehe in Flammen und das Schiff fahre mit Volldampf voraus zu Hilfe eilenden Schiffen entgegen. Er begann sich anzuziehen, schlich sich an Deck und fand einen Vollmatrosen, den er kannte. Diesmal bekam er klare Antwort: „Die *Titanic* ist in Seenot."

„Das erzählen Sie einem anderen", sagte Ogden fast triumphierend. „Die *Titanic* ist auf der nördlichen Route, und wir sind auf der südlichen."

„Wir dampfen nach Norden wie der Teufel. Gehen Sie in Ihre Kabine zurück."

Wieder teilte Mr. Ogden seiner Frau mit, was er erfahren hatte. Sie fragte: „Glaubst du das? "

„Nein. Steh auf und zieh dir dein wärmstes Zeug an.“ Mr. Ogden hatte jetzt nicht mehr den geringsten Zweifel: Die *Titanic* kann nicht sinken, also hatte man ihm ein Märchen erzählt, um ihn zu beruhigen. Seine schlimmsten Befürchtungen waren bestätigt – die *Carpathia* war in Gefahr. Sie mußten sich retten. Es gelang ihnen, an Deck zu schlüpfen.

Auch andere schafften es, und sie teilten sich gegenseitig mit, was sie erfahren hatten, verstohlene kleine Gruppen, die sich vor der eigenen Besatzung versteckten. Allmählich wurde ihnen klar, daß sich die *Carpathia* nicht in Gefahr befand. Aber trotz der Gerüchte um die *Titanic* wußte niemand so recht, warum sie auf dieser wilden Fahrt durch die Nacht waren. Und natürlich konnten sie nicht fragen, weil man sie dann ja wieder unter Deck geschickt hätte. So standen sie also nur da herum, drängten sich in den Schatten zusammen und wußten nicht einmal, worauf sie eigentlich warteten.

Tatsächlich wußte jetzt niemand an Bord der *Carpathia,* wonach er Ausschau halten sollte. In der kleinen Funkerbude über dem Rauchsalon der Zweiten Klasse konnte Harold Cottam die *Titanic* nicht mehr erreichen. Aber sein Gerät war so elend schlecht – die Reichweite betrug bestenfalls 150 Seemeilen –, daß er nicht erfahren konnte, was nun eigentlich wirklich geschehen war. Vielleicht sendete die *Titanic* immer noch, nur waren ihre Signale jetzt vielleicht so schwach, daß er sie nicht mehr empfangen konnte.

Andererseits waren die Nachrichten bisher alle

schlecht gewesen. Um 1.06 Uhr hörte Cottam, wie sie der *Olympic* mitteilte: „Machen Sie Ihre Boote klar; wir sinken rasch über den Bug" . . . um 1.10 Uhr: „Sinken über den Bug" . . . um 1.35 Uhr: „Maschinenraum Wassereinbruch."

Einmal fragte die *Titanic* Cottam, wie lange es dauern würde, bis er eintreffen könne. „Sagen Sie ihm, ungefähr vier Stunden", wies Rostron ihn an – er wußte noch nicht, was in der *Carpathia* wirklich drinsteckte.

Dann kam um 1.50 Uhr eine letzte dringende Aufforderung: „Kommen Sie so rasch wie möglich. Der Maschinenraum ist geflutet bis zu den Kesseln." Danach Schweigen.

Jetzt war es nach 2.00 Uhr, und Cottam hockte immer noch angespannt über seinem Gerät. Einmal schaute Miß Peterson zu ihm hinein und bemerkte, daß Cottam trotz der schneidenden Kälte immer noch in Hemdsärmeln dasaß. Er war gerade dabei gewesen, sich auszuziehen, als das erste CQD eintraf, und er war noch nicht dazu gekommen, sein Jackett wieder anzuziehen.

Oben auf der Brücke grübelte auch Rostron über die Sache nach. Er hatte seine Männer organisiert, alles getan, was ihm nur einfallen wollte, und jetzt kam das Schwerste von allem – das Warten. Neben ihm stand Zweiter Offizier James Bisset, vorn oben zusätzliche Ausgucks. Alle starrten angestrengt voraus nach irgendwelchen Anzeichen von Eis, nach irgendwelchen Anzeichen der *Titanic.* Aber bisher war nichts zu sehen –

nur die glasige See, die grell flimmernden Sterne, der scharfe, klare, leere Horizont.

Um 2.35 Uhr kletterte Dr. McGhee die Leiter zur Brücke empor und meldete Rostron, daß unten alles bereit sei. Während er sprach, sah Rostron plötzlich den Schein einer grünen Leuchtkugel am Horizont, etwa einen halben Strich backbord voraus.

„Das ist ein Licht!" rief er. „Sie muß noch über Wasser sein!" So sah es auch tatsächlich aus. Ganz klar, die Leuchtkugel war sehr weit entfernt. Um überhaupt sichtbar zu sein, mußte sie schon sehr hoch über dem Wasser abgefeuert worden sein. Es war 2.40 Uhr, und sie waren schon in Sicht – vielleicht kam die *Carpathia* doch noch rechtzeitig.

Dann entdeckte Zweiter Offizier Bisset um 2.45 Uhr einen winzigen Lichtstrahl, der zwei Strich backbord voraus schimmerte. Es war der erste Eisberg – ausgerechnet durch das reflektierte Licht eines Sterns hatte er sich verraten.

Dann ein anderer Eisberg, danach ein dritter. In stetigem Zickzack wich die *Carpathia* jetzt Eisbergen von allen Seiten aus, ohne jedoch die Geschwindigkeit herabzusetzen. Sie preschte voran, und atemlos hielten die Männer Ausschau nach dem nächsten Berg. Von Zeit zu Zeit machten sie neue grüne Leuchtkugeln in der Ferne aus.

Jetzt, da alles fertig war, hatten die Stewards ein wenig freie Zeit. Robert Vaughan und seine Kumpels gingen zum Achterdeck. Wie Boxer, die sich für einen Kampf lockerten, tänzelten sie umher und teilten gespielte Boxhiebe aus, um sich warm zu halten. Einmal passierte ein riesiger Eisberg dicht an Steuerbord, und jemand rief: „Heh, Jungs, guckt euch einmal den Eisbären da an, der sich mit einem Eiszapfen kratzt!“

Als Witz war das vielleicht etwas schwach, aber die Männer brüllten vor Lachen, als die *Carpathia* vorwärtspreschte.

Sie feuerte jetzt Raketen, eine alle 15 Minuten, dazwischen Leuchtkugeln der Cunard-Reederei. Unter Deck verbreitete sich das Gerücht, daß sie in Sicht seien. Im Hauptspeisesaal stellten sich die Stewards an ihre Posten, im Maschinenraum schaufelten die Heizer schneller denn je. An den Gangways und auf den Bootsstationen standen die Männer bereit, überall herrschte höchste Spannung und Erwartung, ja, der ganze Rumpf der *Carpathia* zitterte. Ein Matrose sagte später: „Der Kahn war genauso aufgeregt wie wir alle.“

Aber Rostron begann den Mut zu verlieren. Um 3.35 Uhr näherten sie sich der Position der *Titanic,* und immer noch war keine Spur von ihr zu sehen. Er meinte jetzt, daß die Leuchtkugeln doch nicht so hoch gewesen sein konnten. Es war nur die glitzernd klare Nacht, die sie aus so großer Entfernung sichtbar gemacht hatte. Um 3.50 Uhr stellte er die Maschinentelegraphen auf „Achtung!“ – sie hatten die Stelle fast erreicht. Um 4.00 Uhr stoppte er das Schiff – sie waren da.

Just in diesem Augenblick flammte eine neue grüne Leuchtkugel auf. Sie war genau voraus, tief über dem Wasser. Das flackernde Licht zeigte die Umrisse eines Rettungsbootes, das vielleicht 300 Meter entfernt war.

Rostron ließ wieder Fahrt aufnehmen und begann die *Carpathia* nach steuerbord zu manövrieren, um das Rettungsboot an seiner Backbordseite, die in Lee war, aufzunehmen. Einen Augenblick später entdeckte er einen riesigen Eisberg hart voraus und mußte scharf backbord gehen, um ihn nicht zu rammen.

Das Rettungsboot war jetzt in Luv, und als er sich näher heranschob, kam eine Brise auf, und die See wurde unruhig. Eine Stimme rief ihn aus der Dunkelheit an: „Wir haben nur einen Seemann und können nicht gut manövrieren."

„All right!" rief Rostron zurück, und ganz sachte schob er die *Carpathia* näher heran, bis die Stimme wieder rief: „Stoppen Sie die Maschinen!"

Es war Vierter Offizier Boxhall in Boot Nr. 2. Neben ihm saß Mrs. Walter Douglas aus Minneapolis. Sie war der Hysterie nahe. „Die *Titanic* ist untergegangen mit allen Mann an Bord!" rief sie.

Boxhall schrie sie an, sie solle „den Mund halten", und die Schärfe seines Tons ließ sie sofort verstummen. Sie raffte sich zusammen und hat später stets zugegeben, daß der Tadel berechtigt war.

Auf der *Carpathia* hatte sie ohnehin niemand gehört. Aller Augen waren auf das Rettungsboot geheftet, das da auf die Gangway zuhüpfte. Mrs. Ogden bemerkte das Zeichen der White Star Line an der Flanke des Bootes. Die Schwimmwesten gaben allen Insassen das Aussehen, als seien sie weiß gekleidet, Mrs. Crain wunderte sich über die bleichen, überanstrengten Gesichter, die zu den Decks hinaufstarrten. Der einzige

Laut kam von einem weinenden Baby irgendwo im Boot.

Leinen wurden ausgeworfen, und jetzt hatte das Boot festgemacht. Ein Augenblick des Zögerns, dann, um 4.10 Uhr, kletterte Miß Elizabeth Allen langsam die schwankende Jakobsleiter empor und taumelte in die Arme des Zahlmeisters Brown. Er fragte sie, wo die *Titanic* sei, und sie sagte ihm, sie sei gesunken.

Oben auf der Brücke wußte Rostron das, ohne zu fragen – aber er hatte das Gefühl, er müsse die Formalitäten einhalten. Er bat Boxhall zu sich, und als der Vierte Offizier zitternd vor Kälte vor ihm stand, sagte er zu ihm: „Die *Titanic* ist gesunken?"

„Ja –" Boxhalls Stimme überschlug sich, als er es sagte –, „sie ist ungefähr um 2.30 Uhr gesunken."

Inzwischen war der Tag halb angebrochen, und die Leute auf Deck konnten andere Rettungsboote an allen Seiten ausmachen. Sie waren über ein vier Meilen weites Gebiet verstreut, und im ersten grauen Licht des Tages waren sie kaum zu unterscheiden von den kleinen Eisbergen, die zu Dutzenden die See bedeckten. Es waren aber auch drei oder vier hochragende Ungeheuer darunter, 45 bis 60 Meter hoch. Im Norden und Westen, ungefähr fünf Meilen entfernt, erstreckte sich ein flaches, zusammenhängendes Eisfeld, so weit das Auge reichte. Über die Schollen ragten hier und da andere große Eisberge hinaus, die sich scharf gegen den Horizont abhoben.

Der Anblick war so erstaunlich, so unglaublich, daß diejenigen, die bis jetzt geschlafen und von den Vorbereitungen nichts gemerkt hatten, es überhaupt nicht in sich aufnehmen konnten. Mrs. Wallace Bradford aus San Francisco schaute aus ihrem Bullauge und blinzelte ungläubig mit den Augen – eine halbe Meile entfernt ragte ein riesiger, scharfkantiger Gipfel auf, der wie ein Fels vor der Kajüte aussah. Er war nicht weiß, und sie fragte sich: „Wie um alles in der Welt können wir bei einem Felsen sein, wenn wir New York vor vier Tagen in südlicher Richtung verlassen haben und uns mitten auf dem Ozean befinden?"

Miß Sue Eva Rule aus St. Louis war nicht minder verblüfft. Als sie zuerst eines der Rettungsboote sah, das da klatschend durch die frühe Morgendämmerung fuhr, sah es wie die Gondel eines Luftschiffes aus, und der gewaltige graue Berg dahinter glich einem Luftschiffrumpf. Sie war überzeugt davon, daß sie die Besatzung eines abgestürzten lenkbaren Luftschiffes an Bord nahmen.

Ein anderer verwirrter Passagier stellte sich seiner Stewardeß im Gang in den Weg. Aber bevor er noch etwas sagen konnte, zeigte sie auf einige Frauen, die mit unsicheren Schritten in den Hauptspeisesaal gingen. „Von der *Titanic*", schluchzte sie. „Sie liegt unter uns auf dem Grund."

Zehn Meilen entfernt regte sich mit Tagesanbruch wieder das Leben auf der *Californian*. Um 4.00 Uhr kletterte Chief Officer George Frederick Stewart auf die Brücke und löste den Zweiten Offizier Stone ab.

Stone meldete, was vorgefallen war – erzählte ihm von dem seltsamen Schiff, den Raketen, dem Verschwinden des Fremden. Er fügte hinzu, daß er gegen 3.40 Uhr noch eine andere Rakete gesehen habe, diesmal genau südlich und ganz unzweifelhaft nicht von demselben Schiff, das die ersten acht abgefeuert hatte. Todmüde torkelte Stone die Leiter hinab und haute sich in die Koje – jetzt sollte sich doch Stewart den Kopf darüber zerbrechen.

Um 4.30 Uhr weckte Stewart Captain Lord und begann, Stones Bericht zu wiederholen.

„Ja, ich weiß“, unterbrach ihn der Captain, „er hat es mir erzählt.“ Lord zog sich dann etwas über und kletterte zur Brücke hinauf. Er begann darüber zu sprechen, wie man am besten aus dem Eisfeld herauskäme und die Reise nach Boston fortsetzen könne. Stewart unterbrach ihn und fragte, ob er nicht nachprüfen wolle, was es mit dem Schiff auf sich habe, das jetzt genau südlich in Sicht war. Lord sagte: „Nein, ist wohl nicht nötig. Es gibt jetzt keinerlei Signale.“

Stewart ließ die Angelegenheit ruhen – er erwähnte nicht, daß Stone auf seinem Weg nach unten gesagt hatte, er sei sicher, das Schiff im Süden könne nicht dasselbe sein, das die ersten acht Raketen abgefeuert hatte.

Aber es muß ihm doch sehr im Kopf herumgegangen sein, denn um 5.40 Uhr weckte er Funker Evans, der sich daran erinnerte, daß er zu ihm sagte: „Ein Schiff hat Raketen abgefeuert. Würden Sie einmal sehen, ob Sie feststellen können, was los ist? “

Evans tastete im Halbdunkel des jungen Tages herum, fand die Kopfhörer, brachte das Gerät in Gang.

Zwei Minuten später schoß Stewart wie der Blitz die Stufen zur Brücke hinauf und rief: „Da ist ein Schiff gesunken!“ Dann rannte er wieder zur Funkerbude hinab . . . wieder hinauf . . . dann zu Captain Lord mit der niederschmetternden Neuigkeit: „Die *Titanic* hat einen Eisberg gerammt und ist gesunken!“

Captain Lord tat genau das, was ein guter Kapitän in solchen Fällen tun sollte. Er nahm sofort Fahrt auf und steuerte die letzte Position der *Titanic* an.

„GEHEN SIE WEG – WIR HABEN GERADE GESEHEN, WIE UNSERE MÄNNER ERTRINKEN“

„Oh, Mutti, guck einmal, der schöne Nordpol da und kein Weihnachtsmann darauf“, sagte der kleine Douglas Speddon zu seiner Mutter, Mrs. Frederick O. Speddon, als Boot Nr. 3 sich seinen Weg durch das lose Eis zur *Carpathia* bahnte.

Die Welt sah tatsächlich aus wie ein Bild aus einem Kinderbuch über die Arktis. Die Sonne schob sich gerade über den Horizont, und das Eis blitzte in ihren ersten langen Strahlen. Die Eisberge sahen blendend weiß, rosa, schwach lila, tief blau aus, je nachdem, wie die Strahlen auftrafen und wie die Schatten fielen. Die See war jetzt leuchtend blau, und kleine Eisstücke, einige nicht größer als eine Männerfaust, tanzten auf dem bewegten Wasser. Der Himmel darüber war im Osten golden und blau und versprach einen herrlichen Tag. Die Schatten der Nacht zögerten noch im Westen – Lawrence Beesley erinnerte sich daran, daß er den Morgenstern noch beobachten konnte, als die anderen schon längst verblichen waren. Dicht über dem Horizont erschien die dünne, bleiche Sichel des zunehmenden Mondes.

„Ein neuer Mond! Dreht euer Geld in der Tasche um, Jungs! Das heißt, wenn ihr etwas habt!" schrie Heizer Fred Barrett fröhlich der Crew zu, die Nr. 13 ruderte. Jubelrufe und Schreie der Erleichterung stiegen aus allen Booten auf, als die Männer versuchten, die anderen zu überholen und eher bei der *Carpathia* zu sein. Einige stimmten das Seemannslied an „Pull for the Shore, Boys" – „Rudert an Land, Jungs". Andere riefen im Sprechchor „Hurra". Andere blieben still – betäubt von dem Untergang oder überwältigt von der Erleichterung.

„Es ist alles gut, meine Damen, machen Sie sich keine Sorgen. Wir werden gerettet." Ausguck Hogg versuchte, den Frauen Mut zu machen, die in Nr. 7 mit leerem Blick voraus starrten, aber sie blieben sehr still und reglos.

Auch auf dem kieloben treibenden Floß B gab es keine Hurrarufe. Lightoller, Gracie, Bride, Thayer und die anderen hatten zuviel damit zu tun, sich über Wasser zu halten. Die Morgenbrise trieb kurze, heftige Wellen vor sich her, die über den Bootsrumpf spülten und ihn hin und her schaukelten. Bei jedem Rollen entwich etwas mehr Luft, und der Kiel sank noch tiefer ins Wasser. Immer noch schrie Lightoller seine An-

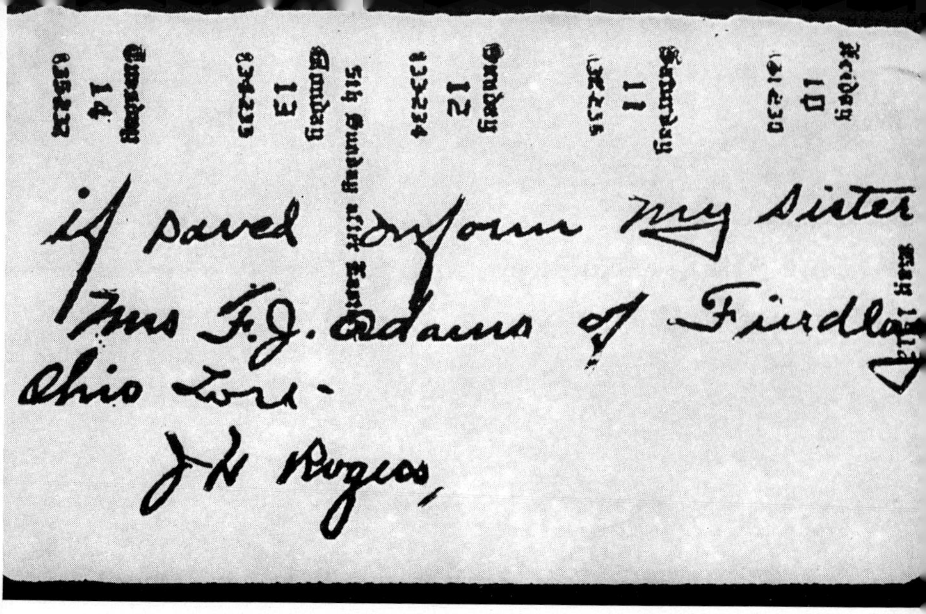
if saved inform my Sister
Mrs F. J. Adams of Findlay
Ohio Lost.
J H Rogers

Abschiedsbotschaft, auf dem bereits schrägliegenden Bootsdeck geschrieben. Sie wurde einer Frau übergeben, die im Begriff stand, das Rettungsboot zu besteigen.
(Aus der Sammlung des Autors)

Fünfpfundtratte, welche Sir Cosmo Duff Gordon einem Mitglied der Besatzung seines Rettungsbootes überreichte.
(Brown Bros., New York)

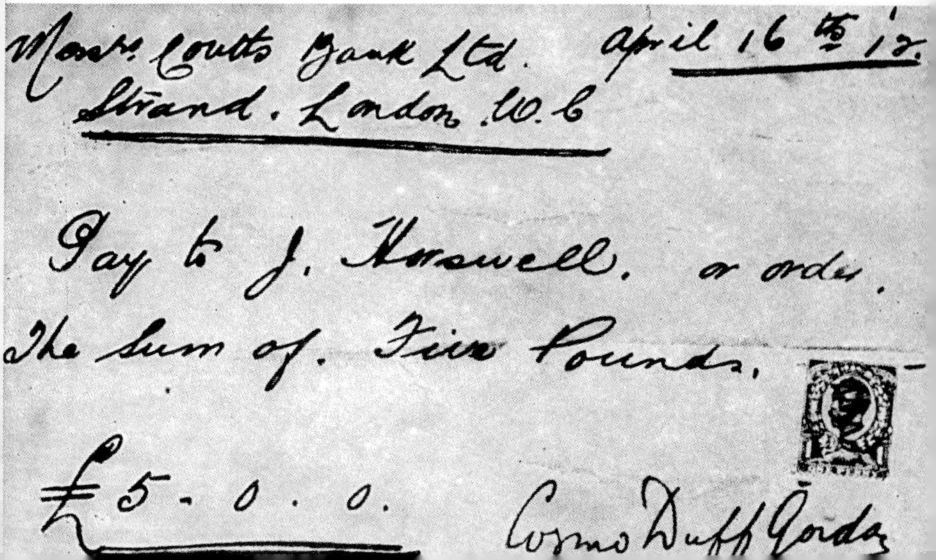
Messrs. Coutts Bank Ltd. April 16th 12.
Strand. London. W.C.
Pay to J. Horswell. or order.
The Sum of. Five Pounds.
£5-0-0. Cosmo Duff Gordon

weisungen, und immer noch verlagerten die Männer entsprechend ihr Gewicht, aber das taten sie jetzt schon über eine Stunde, und sie waren todmüde.

Der Anblick der *Carpathia,* der mit der Morgenröte erschien – so erregend für alle anderen –, bedeutete diesen Männern jetzt wenig. Sie lag vier Meilen entfernt gestoppt, und sie fragten sich, wie sie solange aushalten sollten, bis man sie entdeckt hatte. Plötzlich, als das Tageslicht sich über dem Meer ausbreitete, sahen sie neue Hoffnung. Etwa 800 Meter entfernt waren die Boote Nr. 4, Nr. 10, Nr. 12 und D immer noch zusammen wie auf einer Perlenschnur aufgereiht, genau so, wie Fünfter Offizier Lowe es befohlen hatte.

Die Männer auf Floß B brüllten: „Schiff ahoi!" – aber sie waren zu weit weg, und niemand hörte sie. Da fischte Lightoller eine Offizierspfeife aus seiner Tasche und ließ sie schrillen. Der Pfiff trug nicht nur übers Wasser dahin, sondern teilte der Crew in den Booten auch mit, daß ein Offizier rief.

In Nr. 12 blickte Matrose Frederick Clinch rasch auf . . . glaubte, in der Ferne etwa 20 Mann auf einem – das war doch nicht möglich! –, auf einem Schiffsschornstein stehen zu sehen. In Nr. 4 blickte auch Trimmer Samuel Hemming hinüber, und in dem Licht des frühen Morgens schien es ihm, als stünden da einige Männer auf einer Eisscholle. Wie dem auch sei, die beiden Boote machten sofort los und ruderten hinüber. Es ging sehr langsam, und als sie in Rufweite waren, trieb Lightoller sie an: „Kommen Sie längsseits, und nehmen Sie uns an Bord!"

„Aye, aye, Sir!" rief jemand zurück, und schließlich hatten die beiden Boote die Männer erreicht. Es war allerhöchste Zeit. Floß B hielt sich jetzt nur noch mit so knapper Not im Gleichgewicht, daß die Bugwelle von Nr. 4 sie alle fast heruntergeworfen hätte. Vollmatrose Perkins mußte seine ganze Geschicklichkeit aufwenden, um das Boot sicher längsseits zu manövrieren. Auf B warnte Lightoller die Männer, sich nicht zu drängen. Trotzdem rollte das Floß jedesmal bösartig über, wenn einer der Männer sich vorbeugte, um zu springen.

Einer nach dem anderen schafften sie es. Jack Thayer konzentrierte sich so sehr darauf, sicher in Nr. 12 zu gelangen, daß er seine Mutter genau daneben in Nr. 4 nicht bemerkte. Und Mrs. Thayer war so betäubt vor Kälte und so niedergedrückt von dem Erlebten, daß sie ihren Sohn nicht sah. Als Oberst Gracie an der Reihe war, kroch er mit den Händen zuerst in Nr. 12; er zog eingeklemmte Finger dem Risiko eines Sprunges vor. Bäcker Joughin, der immer noch Wasser trat, machte sich nicht die geringsten Sorgen. Er ließ einfach Maynards Hand los und paddelte hinüber zu Nr. 4, wo sie ihn an Bord zogen. Sein Whisky isolierte ihn immer noch gründlich.

Lightoller verließ das umgestürzte Floß als letzter. Als alle anderen in den Booten waren, hob er einen leblosen Körper in Nr. 12, sprang selbst hinein und übernahm das Kommando in dem Boot. Es war ungefähr 6.30 Uhr, als er von dem leeren Kiel abstieß und zu der *Carpathia* hinüberzurudern begann.

Inzwischen gab Fünfter Offizier Lowe seine Suche nach Schwimmern zwischen den Wrackteilen auf. In einstündiger schwerer Arbeit hatte Nr. 14 nur vier Mann an Bord nehmen können, und er wußte, daß er zu spät gekommen war, um noch mehr zu finden. Kein Mensch konnte es länger in dem eiskalten Wasser aushalten. Jetzt brach der Tag an, und die Rettung stand bevor. Lowe beschloß, zu den Booten zurückzukehren, die er zusammengetäut zurückgelassen hatte, und sie zur *Carpathia* hinüberzulotsen.

„Vorn ein Segel setzen", befahl er dem Matrosen F. O. Evans, als die Brise auffrischte. In allen anderen Booten hatte die Besatzung den Mast als zusätzliches Hindernis betrachtet und das Segel nur als ein Ding, das einem andauernd im Wege war. In einigen Fällen kippten sie diese Ausrüstung außenbords, bevor sie noch die *Titanic* verließen, in anderen Fällen blieb sie an Bord, und die Männer fluchten, wenn sie im Dunkeln über das nutzlose Rundholz stolperten. Außerdem hatten sie keine Ahnung vom Segeln.

Bei Lowe war das anders. Wie er später erklärte, sind wenige Seeleute Bootsleute, und wenige Bootsleute sind Seeleute, aber er war beides. Die Jahre, die er auf Windjammern an der Goldküste verbracht hatte, machten sich jetzt bezahlt, als er geschickt hin und her über Stag ging. Der Bug klatschte auf die Wogen, und der Gischt blitzte in der ersten Morgensonne, als Nr. 14 mit vier Knoten dahinrollte.

Als er zurückkam, hatte sich seine kleine Flotte zerstreut. Die Boote Nr. 4 und Nr. 12 waren unterwegs, um die Männer von B zu übernehmen, und die Boote Nr. 10 und D hatten sich selbständig auf den Weg zur *Carpathia* gemacht. D sah kläglich aus – tief im Wasser und wenig Riemen an der Arbeit. „Also gut", sagte sich Lowe, „ich fahre hinüber und passe auf, daß nichts passiert."

„Wir haben allmählich genug!" rief Hugh Woolner hinüber, als Nr. 14 angesegelt kam. Lowe warf eine Leine hinüber und nahm sie in Schlepp.

Dann entdeckte er in etwa anderthalb Meilen Entfernung Floß A, bis an den Rand vollgeschlagen und völlig bewegungslos daliegend. Den Leuten in A war es nicht gelungen, die Seitenwände aufzuspannen, und jetzt lagen die Dollborde auf einer Höhe mit dem Wasser. Von den ungefähr 30 Menschen, die ursprünglich zu dem Boot geschwommen waren, waren die meisten, betäubt von der Kälte, über Bord gefallen. Nur ein Dutzend Männer und eine Passagierin der Dritten Klasse, Mrs. Rosa Abbott, waren noch übrig. Sie standen bis zu den Knien im Wasser, dessen Temperatur unter dem Gefrierpunkt lag.

Lowe kam gerade noch rechtzeitig . . . nahm sie alle an Bord seines Bootes Nr. 14 . . . setzte dann wieder Segel und nahm Kurs auf die *Carpathia.* D hatte er immer noch im Schlepp. Floß A wurde zurückgelassen – aufgegeben und leer. Aber nicht ganz leer. Die Leichen dreier Männer (die Schwimmwesten bedeckten ihr Gesicht) blieben zurück, und es blieben zurück der Pelzmantel von R. Norris Williams jr. sowie ein Ring, der dem Passagier Dritter Klasse Edward P. Dindell aus

Helsingborg, Schweden, gehörte. Niemand konnte sich daran erinnern, ihn irgendwann in dieser Nacht gesehen zu haben.

Eines nach dem anderen kamen die Boote bei der *Carpathia* angekrochen. Es war 4.45 Uhr, als Nr. 13 festmachte und Lawrence Beesley eine Jakobsleiter zum C-Deck emporkletterte. Er war überwältigt von Dankbarkeit, Erleichterung und Freude, als er wieder ein festes Deck unter seinen Füßen spürte. Dicht hinter ihm kam Dr. Washington Dodge, der es nicht versäumte, seine Schwimmweste als Erinnerung mitzunehmen.

Mrs. Dodge und der fünfjährige Washington jr. kamen um 5.10 Uhr in Nr. 7. Der kleine Junge wurde in einem Postsack an Bord gehievt und setzte mit einem Plumps auf Deck auf. Ein Steward kam mit Kaffee herbeigestürzt, aber Master Dodge verkündete, er wolle lieber Kakao haben. Prompt trabte der Steward los und holte Kakao – nicht umsonst sind britische Passagierschiffe wegen ihrer guten Bedienung berühmt.

Um 6.00 Uhr kam dann Nr. 3. Mr. und Mrs. Speddon kletterten an Bord, untadelig gekleidet. Hinter ihnen kamen das Ehepaar Henry Sleeper Harper, Dragoman Hamad Hassah und Pekinese Sun Yat-sen. Mr. Harper hatte bald Mr. Ogden an Deck ausfindig gemacht und begrüßte ihn mit klassischer Abgeklärtheit: „Louis, wie machen Sie es nur, daß Sie so jung aussehen?“

Elizabeth Shutes, die im selben Boot kam, versuchte es nicht mit der Leiter. Sie setzte sich in eine Tauschlinge und fühlte sich mit einem mächtigen Ruck emporgehoben. Irgendwo von hoch oben kam eine Stimme: „Vorsicht, Jungs, hier kommt ein Leichtgewicht."

Bruce Ismay stolperte gegen 6.30 Uhr an Bord. Er murmelte vor sich hin: „Ich bin Ismay . . . ich bin Ismay." Zitternd stand er in der Nähe der Gangway mit dem Rücken an ein Schott gelehnt. Dr. McGhee ging zu ihm und redete ihm gut zu: „Wollen Sie nicht in den Salon gehen und etwas Suppe essen oder vielleicht eine Kleinigkeit trinken? "

„Nein, ich möchte wirklich nichts."

„Aber gehen Sie doch, und stärken Sie sich."

„Wenn Sie mich allein lassen könnten, wäre ich hier viel besser aufgehoben", brach es aus Ismay heraus, dann besann er sich: „Wenn Sie mir irgendeinen Raum beschaffen könnten, in dem ich Ruhe finden kann, dann tun Sie es doch."

„Bitte", drang der Arzt weiter in ihn, „gehen Sie doch zum Salon, und lassen Sie sich etwas Warmes geben."

„Ich möchte aber nichts."

Dr. McGhee gab es auf. Behutsam führte er Ismay in seine eigene Kabine. Diesen Raum verließ Ismay während der restlichen Tage der Reise nicht mehr; er nahm keine feste Nahrung zu sich, er empfing keinen Besucher (außer einmal Jack Thayer), und er blieb bis zum Ende unter dem Einfluß von Beruhigungsmitteln. Es war der Beginn eines Exils vom tätigen Leben, das er sich selbst auferlegt hatte. Nach einem Jahr schied er aus der White Star Line aus, kaufte sich ein großes

Gut an der Westküste Irlands und lebte dort praktisch als Einsiedler bis zu seinem Tode im Jahre 1937.

Olaus Abelseth erreichte das Deck gegen 7.00 Uhr. Eine heiße Decke wurde über seine durchnäßten, bebenden Schultern geworfen, und eilig brachte man ihn in den Speisesaal, wo er Cognac und Kaffee bekam. Mrs. Charlotte Collyer und die anderen aus Nr. 14 folgten, während Fünfter Offizier Lowe zurückblieb, den Mast umlegte und das Segel verstaute. Er schätzte es nicht, wenn ein Boot nicht aufgeklart war.

Und so kamen sie, eine Bootsladung nach der anderen. Jedesmal, wenn eins längsseits kam, starrten die bereits an Bord befindlichen Überlebenden vom Promenadendeck hinab, Ausschau haltend nach bekannten Gesichtern. Billy Carter stand neben dem Ehepaar Ogden und suchte verzweifelt nach seiner Frau und seinen Kindern. Als der Rest der Familie schließlich in Nr. 4 längsseits kam, beugte Mr. Carter sich weit über die Reling und rief: „Wo ist mein Sohn? Wo ist mein Sohn?“

Ein kleiner Junge in dem Boot nahm einen großen Mädchenhut ab und rief: „Hier bin ich, Vater.“ Die Legende berichtet, John Jacob Astor selbst habe dem Zehnjährigen den Hut aufgesetzt und auf Einwände erwidert: „Jetzt ist er ein Mädchen und darf ins Boot.“

Washington Dodge mußte ebenfalls qualvoll lange auf seine Familie warten – was hauptsächlich einem Streich des fünfjährigen Washington jr. zu danken war. Dr. Dodge sah seine Frau und seinen Sohn nicht an Bord kommen – und Mrs. Dodge sah ihren Mann nicht an Deck, aber der junge Washington sah ihn. Und er fand, es sei ein Mordsspaß, das für sich zu behalten. Er sagte also seiner Mutter nichts und versteckte sich geschickt vor seinem Vater. Schließlich verdarb der getreue Speisesaalsteward Ray, der gute Geist der Dodges auf dieser Reise, alles, indem er die Familie wieder zusammenführte.

Die Menschenmenge an der Reling wuchs ständig, als die eigenen Passagiere der *Carpathia* aus ihren Kabinen strömten. Einige erfuhren auf höchst seltsame Art, was geschehen sei. Mr. und Mrs. Charles Marshall wurden wach, als der Steward an ihre Kabinentür klopfte.

„Was ist? “ rief Mr. Marshall.

„Ihre Nichte möchte Sie sprechen, Sir“, kam die Antwort.

Mr. Marshall wußte nicht, was er davon halten sollte. Er hatte nur drei Nichten, und die waren auf der *Titanic* und machten die Jungfernreise mit. Sie hatten ihm sogar gestern abend noch ein Funktelegramm geschickt. Wie sollte eine von ihnen an Bord der *Carpathia* gekommen sein? Der Steward erklärte. Minuten später hielten die Marshalls ein Familienwiedersehen mit Mrs. E. D. Appleton ab (die anderen Nichten kamen später), und ihre Tochter Evelyn stürmte an Deck, um sich anzusehen, was es da zu sehen gab.

Und es gab sonderbare Dinge zu sehen. Die endlose Packeisebene im Norden und Westen – die großen Berge und die kleineren, die wie Pfadfinder vor dem großen Feld einhertrieben – gab der See ein sonderbar bewegtes, emsiges Aussehen. Die Boote, die aus allen Richtungen herbeiruderten, schienen hier mitten auf dem Atlantik unglaublich fehl am Platze zu sein.

Und die Leute, die mühsam und mit steifen Gliedern aus diesen Booten herauskletterten, hätten nicht absonderlicher aussehen können – Miß Sue Rule bemerkte eine Frau, die nur ein türkisches Handtuch um ihre Taille und ein prachtvolles Abend-Pelzcape um die Schultern trug. Die Kostüme waren ein unwahrscheinliches Durcheinander von spitzenbesetzten Abendkleidern ... Kimonos ... Pelzmänteln ... einfachen Wollschals ... Pyjamas ... Gummistiefeln ... Abendschuhen aus weißem Satin. Aber es war immer noch das Zeitalter der strengen Konventionen – eine überraschend große Zahl von Frauen trug Hüte, die Männer korrekte Tweed-Sportmützen.

Am sonderbarsten aber war die Stille, kaum ein Wort wurde gesprochen. Jedem fiel es auf, jeder hatte eine andere Erklärung dafür. Der Reverend P. M. A. Hoques, ein Passagier der *Carpathia,* meinte, das Entsetzen habe die Leute so gepackt, daß sie nicht sprechen konnten. Captain Rostron meinte, es seien eben alle viel zu beschäftigt gewesen. Lawrence Beesley dagegen war der Ansicht, daß sie weder zu betäubt noch zu beschäftigt waren – sie spürten nur die Gegenwart eines Etwas, das zu groß war, um es begreifen zu können.

Gelegentlich gab es eine kleine Aufregung. Miß Peterson bemerkte ein kleines Mädchen namens Emily, das auf dem Promenadendeck saß und schluchzte: „O Mama, Mama, mir ist schlecht. O Mama, Mama!“

Während Nr. 3 seine Passagiere auslud, richtete sich plötzlich eine Frau, die nur ein Nachthemd und einen Kimono trug, von ihrem Platz im Boden des Bootes auf. Sie zeigte auf eine andere Dame, die gerade im Bootsmannsstuhl an Deck geholt wurde, und rief: „Sehen Sie sich die gräßliche Frau da an! Gräßlich! Sie hat mir auf den Bauch getreten. Gräßliche Person!“

Und im Speisesaal der Dritten Klasse saß eine Italienerin völlig aufgelöst da; sie schluchzte, schrie, schlug mit den Fäusten auf die Tischplatte. Immer wieder schluchzte sie: *„Bambino!“* Einem italienischen Steward gelang es schließlich, von ihr zu erfahren, daß ihre beiden kleinen Kinder verschwunden waren. Eins war bald gefunden, aber sie hielt zwei Finger hoch, und das hysterische Schluchzen ging weiter. Schließlich fand man auch ihr zweites Kind – in der Speisekammer auf der Heißpresse, wohin man es gesetzt hatte, um es wieder ein wenig aufzutauen.

Um 8.15 Uhr waren alle Boote eingeholt, bis auf Nr. 12. Es bewegte sich kaum, immer noch mehrere hundert Meter entfernt. Die Brise wurde steif, und die See wurde rauher. Der Dollbord des überfüllten Bootes lag fast auf einer Höhe mit der See – etwa 75 Menschen hatten sich in das Boot gezwängt. Die Menge an der Reling der *Carpathia* beobachtete atemlos, wie Lightoller das Boot behutsam vorantrieb.

Im Boot drängten sich die Menschen aneinander, versuchten, trocken zu bleiben . . . beteten, daß sie es schaffen möchten. In solchen Momenten bemerkt man oft Kleinigkeiten mit überscharfer Deutlichkeit. Oberst

Gracie arbeitete vergeblich daran, einen leblosen Körper, der neben ihm lag, wiederzubeleben, und fragte sich, warum dieser Mensch wohl lange, graue Wollstrümpfe trug.

Jetzt war es 8.20 Uhr, und sie waren nur noch 200 Meter entfernt. Rostron versuchte zu helfen und brachte den Bug der *Carpathia* auf 100 Meter an sie heran. Während Lightoller sich abmühte, um den Bug des Schiffes zu gewinnen und in Lee zu kommen, peitschte ein plötzlicher Windstoß die See auf. Erst eine, dann eine zweite Woge klatschte in das Boot, eine dritte verfehlte es um ein kleines Stück. Im nächsten Augenblick hatte er es geschafft – das Boot war im Windschatten des großen Schiffes, es war in Sicherheit.

Um 8.30 Uhr machte Nr. 12 – das letzte Boot – fest und begann mit dem Entladen. Oberst Gracie wäre am liebsten auf die Knie gefallen und hätte das Deck geküßt, als er die Gangway betrat. Harold Bride fühlte, wie ein Paar starker Hände nach ihm griff, dann wurde er ohnmächtig. Jack Thayer sah seine Mutter unter den Wartenden. Er stürzte auf sie zu und fiel ihr in die Arme. Mrs. Thayer stammelte: „Wo ist Vati?“

„Ich weiß es nicht, Mutter“, erwiderte er leise.

Inzwischen fragte Rostron sich, wohin er seine 705 unerwarteten Gäste bringen solle. Halifax war am nächsten, aber auf dem Wege dorthin war Eis, und er meinte, daß die Passagiere der *Titanic* genug davon gesehen hätten. Die Azoren wären am besten gewesen für den Reiseplan der *Carpathia,* aber er hatte nicht genug Bettwäsche und Proviant für eine so weite Reise.

New York war am besten für die Überlebenden, aber am kostspieligsten für die Cunard Line.

Er ging hinab zur Kabine des Arztes, wo Dr. McGhee gerade Bruce Ismay untersuchte. Der Mann war völlig zerrüttet – alles, was Rostron wollte, war ihm recht. Also entschloß sich Rostron für New York.

Dann meldete sich die *Olympic:* Warum man die Überlebenden der *Titanic* nicht einfach ihr übergeben wolle? Rostron hielt das für einen entsetzlichen Einfall – er konnte nicht verstehen, wie man diesen Menschen es zumuten könne, noch einmal auf hoher See umzusteigen. Außerdem war die *Olympic* das Schwesterschiff der *Titanic,* und der Anblick allein wäre wie eine furchtbare Geistererscheinung gewesen. Um ganz sicher zu gehen, wanderte er noch einmal zu Dr. McGhees Kabine, nahm noch einmal Rücksprache mit Ismay. Den White-Star-Präsidenten schüttelte es bei diesem Gedanken.

Also ab nach New York, und je eher desto lieber. Mittlerweile lag die *Californian* gestoppt in der Nähe, und Captain Lord betrachtete mit unguten Gefühlen die halbmast wehende Reedereiflagge der *Carpathia.* Rostron traf Absprache mit ihm, die Untergangsstelle abzusuchen, während er nach New York abdampfte. Dann nahm er so viele Rettungsboote der *Titanic* an Bord wie möglich – sechs auf dem vorderen Deck, sieben in den eigenen Davits der *Carpathia.* Den Rest ließ man treiben.

Bevor er Fahrt aufnahm, konnte Rostron es sich nicht versagen, ein letztes Mal Umschau zu halten. Er war ein gründlicher Mann, er wollte nicht die kleinste Möglichkeit außer acht lassen. Sollte die *Californian* doch mit zu spät erwachtem Eifer herumsuchen, aber wenn noch echte Hoffnung bestand, noch jemanden aus der See zu retten, dann sollte es die *Carpathia* tun, beschloß Rostron.

Während er herumkreuzte, kam es ihm in den Sinn, daß ein kurzer Gottesdienst angemessen sein könnte. Er ging unter Deck und fragte, ob Ismay einen Einwand zu machen habe. Es war immer das gleiche – was Rostron wollte, war ihm recht.

Also ließ Rostron den Reverend Father Anderson zu sich bitten, einen Geistlichen der Episkopalkirche, und die Menschen von der *Titanic* und der *Carpathia* versammelten sich im großen Gesellschaftsraum. Dort sprachen sie ein Dankgebet im Namen der Lebenden und erwiesen den Toten ihre Ehrfurcht.

Während sie ihre Gebete murmelten, dampfte die *Carpathia* langsam über das Grab der *Titanic* hinweg. Das große Schiff hatte nur wenige Spuren zurückgelassen – etwas rötlichgelber Kork ... ein paar Deckstühle ... mehrere weiße Pilaster ... Kissen ... Teppiche ... Schwimmwesten ... die aufgegebenen Boote ... ein einziger Toter.

Um 8.50 Uhr gab Rostron die Suche auf. Es war unmöglich, daß noch ein Mensch am Leben sein konnte. Er läutete „Volle Kraft voraus“ und brachte sein Schiff auf Kurs New York.

Schon herrschte in der Stadt wilde Erregung. Als um 1.20 Uhr die erste Meldung eintraf, wußte niemand, was davon zu halten sei. Das AP-Telegramm war in der Tat dunkel - nur eine Meldung von Cape Race, daß die *Titanic* um 22.25 Uhr Ortszeit CQD gefunkt, Zusammenstoß mit einem Eisberg gemeldet und um sofortige Hilfe gebeten habe. Dann eine zweite Meldung, daß das Schiff über den Bug sinke und die Frauen in die Boote geschickt würden. Dann Schweigen.

Die Meldung kam noch rechtzeitig für die Frühausgaben – aber auch nur knapp. Keine Zeit für Nachprüfungen; man konnte nur noch entscheiden, wie man die Sache handhaben wolle. Die Geschichte schien phantastisch genug. Die Redakteure faßten die Sache mit Samthandschuhen an, die Schlagzeile des *Heralds* war bezeichnend:

DIE *TITANIC* RAMMT EISBERG
UND RUFT UM HILFE
SCHIFFE EILEN IN VOLLER FAHRT ZU IHR

Nur die *Times* ging das Risiko ein. Das lange Schweigen nach den ersten Meldungen hatte den Chefredakteur Carr Van Anda davon überzeugt, daß sie gesunken sei. Also ließ er es darauf ankommen – die ersten Ausgaben meldeten, die *Titanic* sei im Sinken begriffen und die Frauen hätten das Schiff in den Rettungsbooten verlassen, die letzte Ausgabe meldete, sie sei gesunken.

Um 8.00 Uhr stürmten Zeitungsleute das Büro der White Star Line am Broadway Nr. 9. Vizepräsident

Philipp A. S. Franklin nahm die Berichte leicht: Selbst wenn die *Titanic* Eis gerammt hätte, könne sie sich unbegrenzte Zeit über Wasser halten. „Wir setzen unbedingtes Vertrauen in die *Titanic.* Wir glauben, daß dieses Schiff nicht sinken kann."

Aber gleichzeitig telegraphierte er verzweifelt an Captain Smith: „Erwarten voller Sorge Nachricht und Disposition Passagiere."

Gegen zehn Uhr strömten Freunde und Verwandte der *Titanic*-Passagiere herbei: Mrs. Benjamin Guggenheim und ihr Bruder de Witt Seligman . . . Mrs. Astors Vater W. H. Force . . . J. P. Morgan jr. . . . Hunderte von Menschen, die niemand kannte. Reich und arm, sie alle bekamen das gleiche beruhigende Lächeln zu sehen – kein Grund zur Sorge . . . die *Titanic* könne nicht sinken; nun, jedenfalls könne sie sich zwei oder drei Tage über Wasser halten . . . gewiß, es seien genügend Boote für alle an Bord.

Und die Presse stimmte ein. Die *Evening Sun* brachte eine Balkenüberschrift:

NACH KOLLISION
ALLE AN BORD DER *TITANIC* GERETTET

In dem Bericht hieß es, daß alle Passagiere von der *Parisian* und der *Carpathia* an Bord genommen worden seien und daß die *Titanic* von der *Virginian* im Schlepp nach Halifax gebracht werde.

Selbst in der Geschäftswelt schien man zuversichtlich zu sein. Bei der ersten Meldung schoß der Nachversicherungstarif für die Ladung der *Titanic* auf 50 Prozent in die Höhe, dann auf 60 Prozent. Aber mit wachsendem Optimismus sanken die Londoner Tarife wieder auf 50 Prozent, dann auf 45 . . . 30 . . . und schließlich auf 25 Prozent.

Inzwischen erlebten Marconi-Aktien eine einzigartige Hausse. In zwei Tagen kletterten sie um 55 Punkte auf 225. Nicht schlecht für Papiere, die vor knapp einem Jahr nur zwei Dollar gebracht hatten. Und IMM – der große Konzern, der die White Star Line kontrollierte – erholte sich jetzt nach einem wackeligen Start am Morgen.

Aber Gerüchte begannen sich zu verbreiten. Keine offizielle Meldung, aber Funker, die dem atlantischen Funkverkehr lauschten, fingen beunruhigende Sprüche auf, die nicht für ihre Ohren bestimmt waren, deren Inhalt sie aber trotzdem weitergaben. Am Nachmittag hörte ein höherer Angestellter der Cunard-Reederei von einem Freund in der Stadt, daß die *Titanic* mit Gewißheit verloren sei. Ein New Yorker Geschäftsmann telegraphierte einem Freund in Montreal das gleiche. Franklin hörte es auch, aber die Quelle schien nicht zuverlässig, also beschloß er, zu schweigen.

Um 18.15 Uhr stürzte das Dach ein. Endlich war Nachricht von der *Olympic* gekommen: Die *Titanic* sei um 2.20 Uhr früh gesunken, die *Carpathia* habe alle Boote aufgenommen und kehre mit den 675 Überlebenden nach New York zurück. Die Meldung war

Mr. und Mrs. George A. Harder — das einzige jungverheiratete Paar, das gerettet werden konnte — erholen sich auf dem Deck der Carpathia. Man sieht sie im Gespräch mit Mrs. Charles M. Hayes, die ihren Gatten verlor.

(Underwood & Underwood)

Mr. und Mrs. Isidor Straus, die zusammen untergingen. Sie lehnte es ab, ihren Gatten zu verlassen, und er weigerte sich, als erster Mann ein Rettungsboot zu betreten.

(Aus der Sammlung des Autors)

mehrere Stunden bei der Übermittlung aufgehalten worden. Warum weiß niemand, aber es haben sich nie Beweise für die Behauptungen der *World* erbringen lassen, daß es das Werk von Wall-Street-Löwen und Transportunternehmern gewesen sei, die ihr Frachtgut nachversichert hätten.

Franklin war noch dabei, seine Kräfte für die öffentliche Bekanntgabe zu sammeln, als die Uhr im Büro der White Star Line sieben schlug. Ein wacher Reporter witterte die düstere Stimmung, die in der Luft lag, beschloß, einen Schuß ins Dunkle zu wagen und stürmte ohne weitere Formalitäten in das Privatbüro des Direktors. Andere folgten ihm. „Meine Herren“, stammelte Mr. Franklin, „ich bedaure, Ihnen mitteilen zu müssen, daß die *Titanic* heute morgen um 2.20 Uhr gesunken ist.“

Zunächst war das alles, was er sagen wollte, aber Stück für Stück meißelten die Reporter weitere Informationen los. Um 20.00 Uhr: In der Meldung der *Olympic* „sei nicht erwähnt worden, ob die gesamte Besatzung gerettet worden sei“. Um 20.15 Uhr: „Wahrscheinlich sind eine Reihe von Menschenleben zu beklagen.“ Um 20.45 Uhr: „Wir hegen starke Befürchtungen, daß eine große Zahl von Menschenleben zu beklagen ist.“ Um 21.00 Uhr konnte er die Fassade nicht mehr aufrechterhalten: Es seien „furchtbare Verluste an Menschenleben ... man könne das Schiff ersetzen, aber nie die Menschenleben“.

Um 22.30 Uhr erschien Vincent Astor und verschwand in Franklins Büro. Wenig später kam er weinend wieder heraus. Einer Eingebung folgend, rief ein Reporter Mrs. John Jacob Astors Vater, W. H. Force, an. „Oh, mein Gott!“ rief der alte Herr, „erzählen Sie mir das nicht! Woher haben Sie diese Meldung? Es ist nicht wahr! Es kann nicht wahr sein!“

Niemand konnte die Tochter des Ehepaares Straus, Mrs. Alfred Hess, erreichen. Am frühen Nachmittag hatte sie den Sonderzug genommen, den die White Star Line gemietet hatte, um die angeblich schwer beschädigte *Titanic* in Halifax in Empfang zu nehmen. Um 20.00 Uhr ratterte der Zug durch die Landgebiete von Maine, und Mrs. Hess saß im Speisewagen und plauderte mit Reportern. Sie war die einzige Frau im ganzen Zug, und die Angelegenheit war recht unterhaltsam.

Sie hatte gerade angefangen, eine Grapefruit zu löffeln, als der Zug an Fahrt verlor, bremste und dann in entgegengesetzter Richtung wieder anfuhr. Erst in Boston hielt er wieder. Dort erfuhr sie: „Die Pläne sind geändert worden; die Leute von der *Titanic* treffen direkt in New York ein.“ Also nahm sie den Schlafwagen zurück und wurde früh am nächsten Morgen von ihrem Bruder an der Sperre erwartet: „Es sieht sehr schlecht aus.“

Mittlerweile war die erste Liste mit Namen von Überlebenden ausgehängt, und wieder stürmte die Menge das Büro der White Star Line. Mrs. Frank Farquharson und Mrs. W. H. Marvin kamen, um sich nach ihren Kindern zu erkundigen, die von ihrer Hochzeitsreise zurückkehrten. Die Mutter der Braut, Mrs. Farquharson, schrie vor Freude leise auf, als sie den

Namen „Mrs. Daniel Marvin“ erspäht hatte, brachte es aber noch fertig, den Schrei zu ersticken, als sie kein „Mr.“ daneben entdeckte.

Mrs. Ben Guggenheim klammerte sich an die Hoffnung, daß noch ein Rettungsboot fehle. „Vielleicht treibt er noch auf dem Meer“, sagte sie schluchzend.

Und das hätte gut möglich sein können, soweit man bisher wußte. Niemand konnte etwas von der *Carpathia* erfahren – Rostron hatte sein Funkgerät für offizielle Meldungen und Privattelegramme von den Überlebenden reserviert –, also schrieben die Zeitungen sich ihre Berichte selbst. Die *Evening World* berichtete von einem dichten Nebel, von der dröhnenden Sirene der *Titanic* und von einer Erschütterung, die an ein Erdbeben erinnert habe. Der *Herald* beschrieb im Detail, wie das Schiff auseinandergerissen worden sei, wie die Lichter schlagartig erloschen, wie die *Titanic* im Augenblick des Zusammenpralls fast gekentert sei.

Wenn die Phantasie versagte, ließen die Zeitungen ihren Zorn an dem schweigenden Rettungsschiff aus. Die *Evening Mail* donnerte:

BEOBACHTER EMPÖRT ÜBER *CARPATHIAS* SCHWEIGEN

Die *World* schmollte:

CARPATHIA LÄSST KEINE GEHEIMNISSE
ÜBER VERLUST DER *TITANIC* DURCHSICKERN

Und so wurde aus dem Dienstag der Mittwoch ... aus dem Mittwoch der Donnerstag ... und immer noch kam keine Meldung. Die Wochenblätter holten auf. *Harper's Weekly* beschrieb die prominenten Leute an Bord, insbesondere Henry Sleeper Harper, ein Mitglied der Familie, der das Magazin gehörte. Es zauberte einen Nebel aufs Papier und einen furchtbaren Stoß; fügte dann ein wenig lahm hinzu: „Was sich ereignet hat, kann heute erst vermutet werden." Aber *Harper's* versicherte seinen Lesern, daß die Vorschrift laute „Frauen und Kinder zuerst, eine Parole, seit langem befolgt von allen anständigen Männern, die die Meere befahren". In der nächsten Nummer verwandelte das Magazin eine mögliche Peinlichkeit in einen journalistischen Knüller, als Henry Sleeper Harper komplett mit Pekinesen und persönlichem ägyptischen Dragoman auf der Bildfläche erschien. Strahlend kündigte das Magazin ein Exklusivinterview an.

Am Donnerstagabend war das Warten zu Ende. Als die *Carpathia* an der Freiheitsstatue vorüberdampfte, sahen 10.000 Menschen von der Battery aus zu, und als sie sich an Pier 54 heranschob, standen weitere

30.000 in Regen und Nässe des Hafens. Bis zum Ende gab Rostron sich nicht mit den Zeitungsleuten ab. Er ließ sie auf der Quarantänestation nicht an Bord, und als die *Carpathia* den North River hinaufdampfte, umschwärmten emsige Schlepper das Schiff, und auf den Schleppern drängten sich Reporter, die durch Megaphone ihre Fragen hinaufschrien.

Um 20.37 Uhr erreichte sie den Pier und begann, die Rettungsboote der *Titanic* zu löschen, damit sie verholen konnte. Die Boote wurden zum White-Star-Pier gerudert, wo Andenkenjäger sie in der Nacht von allem plünderten, was nicht niet- und nagelfest war. (Am nächsten Tag wurden in jedem Boot Männer angesetzt, die den Namen *Titanic* mit Sandpapier abschmirgeln mußten.)

Um 21.35 Uhr war die *Carpathia* vertäut, die Laufplanke ausgelegt, und die ersten Überlebenden stolperten von Bord. Später wurde eine Reisetasche aus brauner Leinwand von Bord geholt und unter Zollbuchstaben G verwahrt. Zollbeamte sagten, es sei das einzige von der *Titanic* gerettete Gepäck. Eigentümer Samuel Goldenberg leugnete solche Voraussicht, er erklärte, er habe sie an Bord der *Carpathia* gekauft. Er sagte, die Tasche enthalte lediglich die Kleider, die er bei Verlassen der *Titanic* getragen habe, sowie ein paar Bedarfsartikel, die er auf dem Rettungsschiff gekauft habe – Pyjamas, Mantel, Hosen, Bademantel, Regenmantel, Hausschuhe, zwei Teppiche, Hemd, Kragen, Toiletteartikel sowie Schuhe für ihn und seine Frau.

Die Ankunft der *Carpathia* schuf Klarheit über die Geretteten, nicht aber über das, was geschehen war. Die Überlebenden steuerten ihre eigenen Märchen und Legenden zu den Dichtungen bei, die an Land entstanden. Für einige war die herzzerreißende Rückreise zu viel gewesen, andere ließen in ihrer Aufregung ihrer Phantasie die Zügel schießen. Die Redseligen ertappten sich dabei, daß sie eine gute Geschichte noch verbesserten, die Lakonischen erlebten, daß ihre Erlebnisse von den Reportern ausgeschmückt wurden. Einige standen noch zu sehr unter dem Schock, um etwas sagen zu können, andere schämten sich zu sehr.

In Zeitungsinterviews konnte man lesen, daß Zweiter-Klasse-Passagier Emilio Portaluppi vier Stunden auf einem kleinen Eisberg geritten war... Miß Marie Young sah den Eisberg eine Stunde vor dem Zusammenstoß... die Matrosen Jack Williams und William French hatten gesehen, wie sechs Männer wie Hunde abgeknallt wurden... Bankier Robert W. Daniel aus Philadelphia übernahm die Arbeit des Funkers der *Carpathia* auf der Rückreise. Alle Indizien sprachen gegen solche Geschichten, aber die Öffentlichkeit war zu erregt, um danach zu fragen.

Die Fabulierfreudigkeit kannte keine Grenzen. Die New Yorker *Sun* vom 19. April ließ den Erster-Klasse-Passagier George Brayton berichten:

„Der Mond schien, und einige von uns promenierten an Deck und genossen die frische Luft. Captain Smith war auf der Brücke, als der erste Ruf vom Ausguck kam, daß ein Eisberg voraus sei. Er mag 100 Meter hoch gewesen sein, als ich ihn sah. Er war schätzungsweise 200 Meter entfernt und genau vor dem Bug. Captain Smith rief einige Befehle ... Einige von uns stürzten zum Bug des Schiffes. Als wir sahen, daß wir ihn unbedingt rammen würden, rannten wir zum Heck. Dann kam ein Krachen, und unter den Passagieren entstand eine Panik ... Das Unglück ereignete sich gegen 22.30 Uhr ... Ungefähr um Mitternacht, glaube ich, kam die erste Kesselexplosion. In diesem Augenblick erst, glaube ich, begann Captain Smith sich ernsthaft Sorgen zu machen ...“

Matrose Jonas Briggs von der *Carpathia* berichtete in seinem Interview von Rigel, einem schönen Neufundländer, der vom Deck der sinkenden *Titanic* sprang und ein Rettungsboot zur *Carpathia* geleitete. Durch freudiges Gebell kündigte er Captain Rostron sein Kommen an.

Erwägungen persönlicher Natur lagen einigen sehr am Herzen. Ausguck Reginald Lee – es schien ein Jahrhundert vergangen zu sein, seit sein Kumpel Fleet den Eisberg sichtete – erzählte von einem Dunstschleier am Horizont und erinnerte sich daran, daß Fleet sagte: „Na, wenn wir da durchgucken können, haben wir Glück gehabt.“ Fleet konnte sich nie auf diese Unterhaltung besinnen.

Ein Interview mit einem der Männer aus der Ersten Klasse erbrachte diese sorgfältige Erklärung seiner Anwesenheit in Nr. 7, dem ersten Boot, das die *Titanic* verlassen hatte:

„Auf einem Punkt bestanden alle Frauen mit Entschiedenheit: Sie weigerten sich, ein Rettungsboot zu betreten, bevor nicht alle Männer zuerst drin waren. Sie fürchteten sich davor, sich in ihnen dem Meere anzuvertrauen. Es verlangte Mut, in das zerbrechliche Fahrzeug zu steigen, das an den kreischenden Davits schwankte. Wenige Männer waren bereit, das Risiko auf sich zu nehmen. Ein Offizier stürzte zu mir und schrie: ‚Sie sind stark genug, um einen Riemen zu pullen. Springen Sie in dieses Boot, oder wir kriegen die Frauen nie von Bord.' Ich war gezwungen, ihm zu gehorchen, obwohl ich zugebe, daß mir das Schiff ein gut Teil sicherer aussah als irgend so ein kleines Boot."

Allmählich schälte sich dann die ganze Geschichte heraus, aber viele der bezaubernden Anekdoten, die in diesen ersten Tagen geboren wurden, haben sich bis heute gehalten – die Dame, die sich weigerte, ihre Dogge zu verlassen ... die Kapelle, die „Näher, mein Gott, zu Dir" spielte ... Captain Smith und Erster Offizier Murdoch, die Selbstmord begingen ... Mrs. Brown, die Nr. 6 mit einem Revolver in der Faust kommandierte.

Aber Legenden gehören zu großen Ereignissen, und wenn sie dazu beitragen, die Erinnerung an ritterliche Selbstaufopferung wachzuhalten, erfüllen sie ihren Zweck. Damals jedoch waren keine Legenden erforderlich, um die Geschichte den Menschen nahezubringen. Die Menschen waren überwältigt von der Tragödie. Überall wehten die Flaggen auf halbmast, das Warenhaus Macy's und die Harris-Theater waren geschlossen, und die French Line sagte einen Empfang auf dem neuen Dampfer *France* ab. In Southampton, der Heimatstadt so vieler Besatzungsmitglieder, war die Trauer bedrückend. In einer Straße wohnten 20 trauernde Familien. Montreal sagte eine Parade ab. König George und Präsident Taft tauschten Beileidstelegramme aus – und auch der Kaiser beteiligte sich. J. S. Bache & Co. strichen ihr jährliches Bankett. J. P. Morgan ließ die Einweihungsfeiern eines neuen Sanatoriums ausfallen, das er in Aix-les-Bains gebaut hatte.

Sogar das Gesellschaftsregister wurde in Mitleidenschaft gezogen. In jenen Tagen war das Schiff, auf dem jemand reiste, ein wichtiger Maßstab für seinen gesellschaftlichen Standort, und das Register blieb pflichtgetreu hart auf der Fährte. Die Tragödie warf ein unerwartetes Problem auf. Zu melden, daß die angeführten Familien den Atlantik auf der *Titanic* überquert hätten, tat ihnen gesellschaftlich Genüge, aber es stimmte nicht. Zu melden, daß sie an Bord des alten Kastens *Carpathia* eingetroffen seien, stimmte, aber es war gesellschaftlich irreführend. Was tun in diesem Dilemma? Im Falle der Umgekommenen wich das Register aus – nach ihren Namen wurde einfach vermerkt: „Gestorben auf See, 15. April 1912.“ Im Falle der Überlebenden führte das Register sorgsam den Satz an: „Eingetroffen *Titan-Carpath,* 18. April 1912.“ Der Bindestrich stand für die größte Schiffskatastrophe der Geschichte.

Was die Menschen besonders bedrückte, war nicht einfach nur die Tragödie – oder ihre Unnötigkeit –, sondern das Schicksalselement, das in den Ereignissen spürbar wurde. Wenn die *Titanic* eine der sechs Eiswarnungen am Sonntag beachtet hätte ... wenn die Eislage normal gewesen wäre ... wenn die Nacht stürmisch oder mondhell gewesen wäre ... wenn der Eisberg 15 Sekunden früher gesichtet worden wäre – oder 15 Sekunden später ... wenn sie das Eis auf irgendeine andere Weise gerammt hätte ... wenn ihre wasserdichten Schotte ein Deck höher gewesen wären ... wenn sie genug Boote an Bord gehabt hätte ... wenn die *Californian* doch nur gekommen wäre. Hätte eine dieser Möglichkeiten sich zum Guten beantworten lassen, dann wären vielleicht alle gerettet worden. Aber alle Möglichkeiten hatten sich gegen sie gekehrt – eine klassische griechische Tragödie.

Diese Gedanken sollten erst kommen, als die *Carpathia* im hellen Morgenschein des 15. April Kurs New York aufnahm. In jenem Augenblick lagen die Überlebenden noch erschöpft und in sich zusammengesunken auf Deckstühlen oder schlürften Kaffee im Speisesaal oder fragten sich geistesabwesend, was sie anziehen sollten.

Die Passagiere der *Carpathia* halfen ritterlich aus – sie brachten überzählige Zahnbürsten zum Vorschein, borgten Kleidung, nähten Röcke für die Kinder aus Schiffsdecken, die in den Rettungsbooten mitgebracht worden waren. Ein Weinaufkäufer des Warenhauses Macy's, der sich auf der Reise nach Portugal befand, wurde zu einer Art Schutzengel für die drei geretteten Gimbels-Aufkäufer. Mrs. Louis Ogden brachte zwei Frauen in bunten Mänteln und Kopftüchern, die allein in einer Ecke saßen, Kaffee. „Gehen Sie weg", sagten sie, „wir haben gerade gesehen, wie unsere Männer ertrinken.“

Für einige Überlebende begann das Leben wieder – Lawrence Beesley kritzelte eifrig ein Telegramm, daß er wohlbehalten sei. Bei anderen dauerte es länger. Oberst Gracie lag unter einem Haufen Decken auf einem Sofa im Speisesaal, während seine Kleider im Backofen trockneten. Bruce Ismay saß zitternd in der Kabine des Arztes, die Adern vollgepumpt mit Beruhigungsspritzen. Harold Bride kam zu sich und fand sich in einer fremden Luxuskabine; eine Frau beugte sich über ihn, und er fühlte, wie ihre Hand ihm das Haar aus der Stirn strich und sein Gesicht rieb.

Jack Thayer lag nicht weit davon in einer anderen Kabine, ein freundlicher Mann hatte ihm Pyjama und Koje geliehen. Jetzt ging Thayer zu Bett, wie er es vor zehn Stunden schon einmal getan hatte. Er kletterte zwischen die kühlen Laken, und es schoß ihm plötzlich durch den Kopf, daß die Tasse Cognac, die er gerade getrunken hatte, sein erster starker Alkohol war. Es ließ sich nicht mehr leugnen – er wurde allmählich erwachsen.

Tief unten summten die Maschinen der *Carpathia* in raschem, beruhigendem Rhythmus, hoch oben pfiff der Wind in der Takelage. Voraus lagen New York und das heimatliche Philadelphia, achteraus fing sich die Sonne in den hellroten und weißen Streifen des Pfahls, der einmal das Zunftzeichen der Friseurstube an Bord der *Titanic* gewesen war und der jetzt auf den Wogen der leeren See hüpfte. Aber Jack Thayer wußte von alledem nichts mehr. Der Cognac hatte sein Werk getan, er schlief fest.

DIE *TITANIC*

„Es wird nie wieder so ein Schiff geben", sagt Bäcker Charles Burgess, der es wissen müßte. In 43 Jahren auf der Atlantikroute hat er sie alle gesehen – *Olympic* ... *Majestic* ... *Mauretania* ... und so weiter. Heute, als Vorleger in der Küche der *Queen Elizabeth,* dürfte Burgess das letzte Besatzungsmitglied der *Titanic* in aktivem Dienst sein.

„Wie die *Olympic,* ja, aber viel mehr Aufwand", erinnert er sich. „Nehmen Sie den Speisesaal. Die *Olympic* hatte nicht einmal einen Teppich, aber die *Titanic* – ah, man sank darin ein bis zu den Knien. Und dann die Möbel: so schwer, man konnte sie kaum anheben. Und die Wandtäfelung ...

Man kann sie größer und schneller bauen, aber die Sorgfalt und Mühe machten es bei ihr, mit der man sie gebaut hatte. Sie war ein schönes, ein wundervolles Schiff."

Die Betrachtungen des Bäckers Burgess sind typisch. Die *Titanic* hat alle verzaubert, die sie gebaut, die mit ihr gefahren sind. So sehr, daß sie, je mehr Jahre vergehen, immer sagenhafter wird. Viele Überlebende bestehen jetzt darauf, daß sie ‚zweimal so groß wie die *Olympic* war" – in Wirklichkeit waren sie Schwesterschiffe, wobei die *Titanic* gerade 1004 t größer war. Andere erinnern sich an Golfplätze, Tennisplätze mit vorgeschriebenen Abmessungen, eine Herde Milchkühe und andere Kleinigkeiten, die selbst über die Luxusfreudigkeit der White Star Line hinausgingen.

Die *Titanic* war auch ohne solche Schnörkel eindrucksvoll genug. Ihr Gewicht – 46.328 BRT ... 66.000 t Wasserverdrängung. Ihre Dimensionen – 269,16 m lang ... 28,16 m breit ... 18,45 m von der Wasserlinie bis zum Bootsdeck hoch oder 53,32 m vom Kiel bis zum oberen Rand ihrer vier mächtigen Schornsteine. Kurz, sie war elf Stockwerke hoch und vier New Yorker Straßenblocks lang.

Mit ihren drei Schrauben hatte die *Titanic* zwei Vierzylinder-Kolbenmaschinen, die je eine der seitlichen Schrauben trieben, und eine Turbine, die die mittlere Schraube antrieb. Diese Kombination verlieh ihr 50.000 eingetragene PS, aber sie konnte mühelos mindestens 55.000 PS entwickeln. Ihre Höchstgeschwindigkeit betrug 24 bis 25 Knoten.

Ihre interessanteste Eigenschaft war vielleicht ihre wasserdichte Konstruktion. Sie hatte einen doppelten Boden und war in 16 wasserdichte Abteilungen unterteilt. Sie wurden gebildet durch 15 wasserdichte Querschotte, die quer über das Schiff gingen. Sonderbarerweise reichten sie nicht sehr weit nach oben. Die ersten beiden und die letzten fünf gingen nur bis zum D-Deck, während die mittleren acht nur bis zum E-Deck reichten. Aber wie dem auch sei, sie konnte sich über Wasser halten, wenn beliebige zwei dieser Abteilungen unter Wasser standen, und da niemand sich etwas Schlimmeres vorzustellen vermochte als eine Kollision an der Nahtstelle von zwei Abteilungen, erhielt sie das Beiwort „unsinkbar“.

Die „unsinkbare“ *Titanic* lief am 31. Mai 1911 auf der Werft von Harland & Wolff in Belfast vom Stapel. Die nächsten zehn Monate vergingen damit, sie auszurüsten. Ihre Probefahrten beendete sie am 1. April 1912 und traf am 3. April in Southampton ein. Eine Woche später ging sie mit dem Bestimmungshafen New York in See. Hier ein rekonstruiertes Logbuch der wichtigsten Ereignisse auf ihrer Jungfernreise:

	10. April 1912
12.00 Uhr	mittags. Verläßt Hafen von Southampton, entgeht knapp der Kollision mit amerikanischem Dampfer *New York*.
19.00	Nimmt in Cherbourg Passagiere an Bord.
21.00	Ausreise Cherbourg nach Queenstown.
	11. April 1912
12.30 Uhr	Nimmt in Queenstown Passagiere und Post an Bord.
	Ein Mitglied der Besatzung desertiert.
14.00	Ausreise Queenstown nach New York. An Bord 1316 Passagiere und 891 Mann Besatzung.
	14. April 1912
9.00 Uhr	*Caronia* meldet Eis Breite 42 Grad Nord, Länge 49 bis 51 Grad West.

13.42 Uhr	*Baltic* meldet Eis Breite 41 Grad 51 Minuten Nord, Länge 49 Grad 52 Minuten West.
13.45	*America* meldet Eis Breite 41 Grad 27 Minuten Nord, Länge 50 Grad 8 Minuten West.
19.00	Temperatur 6,1 Grad Celsius.
19.30	Temperatur 3,9 Grad Celsius.
19.30	*Californian* meldet Eis Breite 42 Grad 3 Minuten Nord, Länge 49 Grad 9 Minuten West.
21.00	Temperatur 0,6 Grad Celsius.
21.30	Zweiter Offizier Lightoller warnt Zimmermann und Maschinenraum, die Trinkwasservorräte zu beobachten – könnten einfrieren, und befiehlt Krähennest, auf Eis zu achten.
21.40	*Mesaba* meldet Eis Breite 42 Grad bis 41 Grad 25 Minuten Nord, Länge 49 Grad bis 50 Grad 30 Minuten West.
22.00	Temperatur 0 Grad Celsius.
22.30	Wassertemperatur auf –0,6 Grad Celsius gesunken.
23.00	*Californian* warnt vor Eis; unterbrochen, bevor sie Position angibt.
23.40	Kollision mit Eisberg Breite 41 Grad 46 Minuten Nord, Länge 50 Grad 14 Minuten West.
	15. April 1912
0.05 Uhr	Befehl zum Klarmachen der Boote, Musterung der Mannschaft und Passagiere.
0.15	Erster Funkruf um Hilfe.
0.45	Erste Rakete abgefeuert.
0.45	Erstes Boot, Nr. 7, zu Wasser gelassen.

1.40 Uhr	Letzte Rakete abgefeuert.
2.05	Letztes Boot, Floß D, zu Wasser gelassen.
2.10	Letzter Funkruf.
2.18	Lichter verlöschen.
2.20	Schiff gesunken.
3.30	Raketen der *Carpathia* von den Booten gesichtet.
4.10	Erstes Boot, Nr. 2, von der *Carpathia* aufgenommen.
8.30	Letztes Boot, Nr. 12, aufgenommen.
8.50	*Carpathia* nimmt Kurs auf New York mit 705 Überlebenden.

So viel über die grundlegenden Tatsachen. Was über sie hinausgeht, ist zum Großteil Geheimnis. Vermutlich wird nie irgendein Ereignis die *Titanic* an unbeantwortet gelassenen Fragen übertreffen. Zum Beispiel:

Wie hoch waren die Verluste an Menschenleben? Einige Quellen sagen 1635 ... die amerikanische Untersuchung: 1517 ... das britische Handelsministerium: 1503 ... die britische Untersuchung: 1490. Die Zahl des britischen Handelsministeriums wirkt am überzeugendsten, minus Heizer J. Coffy, der in Queenstown desertierte.

Wie haben verschiedene Leute das Schiff verlassen? Fast jede Überlebende, die gefragt wurde, erwiderte mit Festigkeit: „Im letzten Boot." Es liegt auf der Hand, daß nicht alle diese Frauen im selben Boot das Schiff verließen, aber diesen Punkt genau zu erforschen, ist ähnlich wie das Alter einer Dame zu erforschen – man tut es einfach nicht. Sorgfältiges Sichten der Aussagen, die bei der amerikanischen und der britischen Untersuchung gemacht wurden, ergibt ein recht klares Bild davon, wie das Schiff verlassen wurde, aber selbst hier gibt es einander widersprechendes Material. Bei der britischen Untersuchung wurde jeder Zeuge gefragt, wie viele Menschen in seinem Rettungsboot zu Wasser gelassen wurden. Die *niedrigsten* Schätzungen wurden dann addiert.

Die Ergebnisse zeigen ein gut Teil Wunschdenken:

	In den Booten zu Wasser gelassen lt. Mindestschätzung der Überlebenden	In den Booten zu Wasser gelassen entsprechend der Zahl der tatsächlich Geretteten
Besatzung	107	139
Männliche Passagiere	43	119
Frauen und Kinder	704	393
Insgesamt	854	651

Kurz, es gingen etwa 70 Prozent *mehr* Männer und 45 Prozent *weniger* Frauen in die Boote, als selbst die vorsichtigsten Überlebenden schätzten. Hinzu kommt die Tatsache, daß die Boote mit 25 Prozent weniger Menschen an Bord davonruderten, als geschätzt wurde.

Zu welcher Zeit ereigneten sich verschiedene Geschehnisse? Alle stimmten darin überein, daß die *Titanic* den Eisberg um 23.40 Uhr rammte und um 2.20 Uhr sank – aber es herrscht Uneinigkeit über fast alles, was sich dazwischen ereignete. Die in diesem Buch genannten Zeitangaben sind ehrliche Schätzungen von unmittelbar beteiligten Menschen, aber auch sie sind keineswegs absolut sicher. Es standen einfach alle unter zu großem Druck. Mrs. Louis M. Ogden, Passagier der *Carpathia,* bietet ein gutes Beispiel. Während sie einigen Überlebenden half, sich einzurichten, fragte sie einmal ihren Mann nach der Uhrzeit. Mr. Ogdens Uhr war stehengeblieben, aber er schätzte, es müsse 16.30 Uhr sein. Tatsächlich war es erst 9.30 Uhr vormittags. Sie waren beide so beschäftigt, daß sie das Zeitgefühl völlig verloren hatten.

Was haben die verschiedenen Leute gesagt? Dieses Buch enthält keine rekonstruierten Unterhaltungen. Die angeführten Worte sind genau so wiedergegeben, wie Zeugen sich an sie als tatsächlich gesprochen erinnern. Doch müssen Irrtümer einkalkuliert werden, dieselben Unterhaltungen werden oft mit leichten Variationen wiedergegeben. Zum Beispiel gibt es mindestens vier Versionen über die zwischen Captain Rostron und Viertem Offizier Boxhall in dem Augenblick gewechselten Worte, als Boot Nr. 2 sich längsseits der *Carpathia* schob. Der Sinngehalt ist stets der gleiche, aber die Worte variieren leicht.

Was hat die Kapelle gespielt? Die Legende berichtet natürlich, daß die Kapelle, untergehend, „Näher, mein Gott, zu Dir“ spielte. Viele Überlebende behaupten immer noch, daß es sich so verhielt, und es besteht kein Grund, ihre Aufrichtigkeit anzuzweifeln. Andere behaupten, die Kapelle habe nur Ragtime gespielt. Ein

Mann sagt, er erinnere sich genau an die Kapelle in ihren letzten Augenblicken, und sie habe überhaupt nicht gespielt. In diesem Labyrinth einander widersprechender Aussagen hebt sich die Geschichte des Zweiten Funkers Harold Bride deutlich hervor. Er war ein geschulter Beobachter, peinlich genau und bis zuletzt an Bord. Er erinnerte sich deutlich daran, daß die Kapelle im Augenblick des Untertauchens des Bootsdecks die Episkopalhymne „Autumn" – „Herbst" – spielte.

Hat ein Mann als Frau verkleidet das Schiff verlassen? Als das Material zu diesem Buch gesammelt wurde, wurden vier Passagiere Erster Klasse ausdrücklich als der berühmte Mann bezeichnet, der in Frauenkleidern entkam. Es gibt nicht die leiseste Spur von Beweisen dafür, daß diese Männer schuldig waren, und erhebliche Indizien, die für das Gegenteil sprechen. So zum Beispiel legten Nachprüfungen nahe, daß einer von ihnen das Opfer eines rachsüchtigen Reporters war, der beiseite geschoben worden war, als er versuchte, ein Interview zu bekommen. Ein anderer, ein prominenter Kommunalpolitiker, war das Opfer einer Hetzkampagne der Opposition. Ein anderer war das Opfer von Gesellschaftsklatsch; er hatte tatsächlich die *Titanic* vor seiner Frau verlassen. Auf der Suche nach edlerem Wild kümmerte sich niemand um Dritter-Klasse-Passagier Daniel Buckley, der offen zugab, einen Frauenschal um den Kopf gewickelt zu haben. Er war nur ein armer, zu Tode geängstigter junger Bursche aus Irland, und niemand war an ihm interessiert.

Die Lösung all dieser Rätsel der *Titanic* wird man nie mit Gewißheit erfahren. Man kann nur die Indizien sorgfältig abwägen und eine ehrliche Meinung äußern. Einige werden dennoch anderer Meinung sein, und vielleicht werden sie recht haben. Ein kühner Mann müßte es in der Tat sein, der sich als endgültiger Richter aufstellen wollte über alles, was in der unglaublichen Nacht geschah, in der die *Titanic* versank.

NACHWORT

Dieses Buch handelt in Wirklichkeit von der letzten Nacht einer kleinen Stadt. Die *Titanic* war so groß und trug so viele Menschen. Alles zu erzählen, was geschah, ist unmöglich, denn auch nur einen Teil des Bildes zusammenzusetzen, erforderte die Hilfe von buchstäblich Hunderten von Menschen.

Viele von ihnen waren dabei. 63 Überlebende wurden ausfindig gemacht, und viele von ihnen lieferten wertvolle Beiträge zu diesem Buch. Sie stellen eine anregende Mischung von arm und reich, von Passagieren und Mannschaften dar. Aber allen scheinen zwei Eigenschaften gemeinsam zu sein. Zunächst, sie sehen wunderbar aus. Es ist fast, als hätten sie nach glücklichem Überdauern dieser großen Probe alles andere mit Leichtigkeit überwunden und werden jetzt alt mit ruhiger, abgeklärter Würde. Zweitens sind sie wunderbar hilfsbereit. Fast scheint es, als verachteten sie, die den Menschen in seiner höchsten Großmut gesehen, jede Spur von Selbstsucht, die sich in ihnen zu regen wagte.

Nichts scheint ihnen große Mühe zu bereiten. Viele der Überlebenden haben weit mehr beigetragen, als in diesem Buch verwendet werden konnte, nur um mir darin behilflich zu sein, ein besseres Bild davon zu gewinnen, wie eigentlich alles war.

So erzählt Mrs. Noël MacFie (damals Gräfin von

Rothes), wie sie – als sie zusammen mit Freunden ein Jahr nach dem Unglück in einem Restaurant zu Abend aß – plötzlich ein entsetzliches Gefühl der Kälte und des intensiven Schreckens gehabt habe, das sie immer mit der *Titanic* assoziierte. Einen Augenblick lang wußte sie nicht, warum. Dann wurde ihr klar, daß das Orchester ein Stück aus „Hoffmanns Erzählungen" spielte, das letzte Stück der Tischmusik an jenem schicksalsschweren Abend.

Mrs. George Darby, damals Elizabeth Nye, berichtet ein ähnlich bewegendes Detail, wenn sie erzählt, wie sie und einige andere Passagiere der Zweiten Klasse, als es früh am Sonntagabend bitter kalt wurde, in den Speisesaal gingen, wo ein gemeinsames Choralsingen stattfand, das mit dem Choral „Für die, die sich in Not auf See befinden" endete.

Und Mrs. Katherine Manning – damals Kathy Gilnagh – schildert lebhaft die sorglose Stimmung der jungen Leute in der Dritten Klasse, wenn sie von der lustigen Party erzählt, die an jenem gleichen Abend im Zwischendeck stattfand. Plötzlich huschte eine Ratte quer durch den Raum, die jungen Männer verfolgten sie, und die Mädchen kreischten vor Aufregung. Dann ging die Party weiter. Mrs. Mannings wunderschöne Augen leuchten, wenn sie sich an die Dudelsackmusik erinnert, das Gelächter, den Spaß, den sie als hübsches irisches Mädel auf ihrer großen Reise nach Amerika hatte.

Tatsächlich geben die meisten Überlebenden Schilderungen von dem Leben an Bord, die fast heimsucherisch wirken. Man fühlt es, wenn Mrs. G. J. Mecherle (damals Mrs. Albert Caldwell) sich an das Getriebe des Aufbruchs in Southampton erinnert ... wenn Victorine Perkins (damals Chandowson) von den 16 Koffern der Ryersons erzählt ... wenn Mr. Spencer Silverthorne sich an ein angenehmes Abendessen mit den anderen Aufkäufern am Sonntagabend erinnert ... wenn Marguerite Schwarzenbach (damals Frölicher) ein ruhigeres Nachtmahl in der Kabine ihrer Eltern beschreibt – sie war seekrank gewesen, und dies war ihr erster zaghafter Versuch, wieder etwas zu essen.

Auch die Erinnerungen der Besatzungsmitglieder haben diese heimsucherische Eigenschaft. Man fühlt es, wenn Heizer George Kemish die rauhe Kameradschaft in den Kesselräumen beschreibt ... und wenn Masseuse Maud Slocombe von ihren verzweifelten Versuchen berichtet, das türkische Bad blitzblank in Ordnung zu bekommen. Offenbar muß ein halb verzehrtes Butterbrot oder eine leere Bierflasche in jeder Ecke und in jedem Winkel gelegen haben. „Die Schiffbauer waren aus Belfast", erläutert sie fröhlich.

Die Atmosphäre, die diese Menschen beschreiben, trägt in gewisser Weise ebenso viel bei wie die Tatsachen und Ereignisse, die sie schildern. Ich weiß ihre Hilfe sehr zu schätzen.

Andere Überlebende verdienen meinen Dank dafür, daß sie mit peinlicher Genauigkeit ihre Gedanken und Gefühle rekonstruiert haben, als das Schiff im Sinken begriffen war. Jack Ryerson suchte sich zu erinnern, wie ihm zumute war, als sein Vater dafür plädierte, daß man ihn in Boot Nr. 4 lassen möge. War ihm klar, daß sein Leben auf der Waagschale lag? Nein, daran hatte er eigentlich nicht gedacht. Er war doch ein echter 13jähriger Junge.

Washington Dodge jr. hatte einen alles andere übertönenden Eindruck – das ohrenbetäubende Brüllen des Dampfes, der aus den mächtigen Schornsteinen der *Titanic* entwich. Er war damals fünf Jahre alt.

Die Dritter-Klasse-Passagiere Anna Kincaid (damals Sjoblom), Celiney Decker (damals Yasbeck) und Gus Cohen haben ebenfalls weit mehr beigetragen als interessante Berichte. Sie haben besonders wertvolle Hilfe in der Rekonstruktion der Atmosphäre geleistet, die im Zwischendeck herrschte. Das ist eine lange vernachlässigte Seite der Geschichte.

Auch die Mannschaft hat viel mehr beigesteuert als bloße Berichte ihrer Erlebnisse. Das tiefe Gefühl in der Stimme des Bäckers Charles Burgess, wann immer er über die *Titanic* spricht, verrät den ganzen Stolz der Männer auf dieses Schiff, auf dem sie fahren durften. Die Höflichkeit der Stewards James Witter, F. Dent Ray und Leo James Hyland läßt auf die unvergleichliche Art schließen, in der die Passagiere umsorgt wurden. Und die Gründlichkeit von Männern wie Vollmatrose George Thomas Rowe, Matrose A. Pugh, Bäcker Walter Belford und Schmierer Walter Hurst bestätigte die stolze Behauptung des Heizers Kemish, daß diese Mannschaft „die besten Leute von Southampton waren".

Diesen und vielen anderen Überlebenden der *Titanic*

– wie Mrs. Jacques Futrelle, Mrs. A. C. Williams, Harry Giles und Herbert J. Pitman – gilt mein herzlicher Dank, nicht nur für die Tatsachen, die sie geliefert, sondern vor allem für die Zeit und die Mühe, die sie aufgewandt haben.

Die Verwandten von Menschen der *Titanic* waren in ähnlicher Weise hilfsbereit. Ein Brief, der mir vor kurzem von einem Nachkommen eines Überlebenden zugänglich gemacht wurde, verdeutlicht, wie weit sie dabei gegangen sind. Es ist ein Brief an den Überlebenden selbst, kurz nach dem Unglück. Ich habe alle Namen weggelassen, aber die Tatsache allein, diesen Brief zur Verfügung zu stellen, zeigt einen Mut und eine Aufrichtigkeit, die wirkungsvoll die in dem Brief erhobenen Vorwürfe widerlegen:

> Lieber – –: Vor mir liegt die Mitteilung, daß Sie versucht haben, sich die Aufnahme in eines der Rettungsboote zu erzwingen . . . und daß Sie, als Sie von Major Butt zurückbefohlen wurden, sich aus der Menge lösten, verschwanden und ein paar Augenblicke später aus der Tür Ihrer Kabine herauskamen, und zwar in Frauenkleidern, die man wiedererkannte als Kleider, die unterwegs von Ihrer Frau getragen worden waren.
>
> Ich kann nicht verstehen, wie Sie noch Ihr Haupt erheben und sich als Mann unter Männern bezeichnen mögen, wissend, daß jeder Ihrer Atemzüge eine Lüge ist. Wenn Ihr Gewissen Sie plagt, nachdem Sie dies

gelesen haben, dann ist es am besten, Sie kommen an die Öffentlichkeit. Es gibt kein wahreres Wort als das alte: „Beichten ist gut für die Seele.“

Hochachtungsvoll, Ihr – –

Außer dem Überlassen von Briefen haben viele Verwandte selbst überaus interessante Informationen geliefert. Insbesondere möchte ich Captain Smith' Tochter, Mrs. M. R. Cooke, für die bezaubernde Erinnerung an ihren tapferen Vater danken . . . Mrs. Sylvia Lightoller für ihre Liebenswürdigkeit, mir über ihren verstorbenen Gatten, Commander Charles Lightoller, zu schreiben, der sich noch 1940 auszeichnete, als er sein eigenes Boot nach Dünkirchen hinüberführte . . . Mrs. Alfred Hess dafür, daß sie die Familienpapiere von Mr. und Mrs. Isidor Straus zur Verfügung stellte . . . Mrs. Cynthia Fletcher für eine Abschrift des Briefes, den ihr Vater, Hugh Woolner, an Bord der *Carpathia* schrieb . . . Mr. Fred G. Crosby und seinem Sohn John für die Unterstützung in meinen Bemühungen, Material über Captain Edward Gifford Crosby zu beschaffen . . . und Mrs. Victor I. Minahan für die interessanten Einzelheiten über Mr. und Mrs. William Minahan und ihre Tochter Daisy.

Wo die Überlebenden und Verwandten nicht ausfindig gemacht werden konnten, habe ich mich auf veröffentlichtes Material verlassen. Die offiziellen Protokolle der Senatsuntersuchung und des britischen Untersuchungsgerichtshofes liefern natürlich tausend Seiten faszinierender Belege. Jack Thayers privat veröffentlichte Erinnerungen stellen einen Bericht von gewinnender Offenheit dar, Dr. Washington Dodges privat gedruckte Rede vor dem Commonwealth Club in San Francisco ist gleichermaßen interessant. Lawrence Beesleys Buch „The Loss of the SS Titanic“ (Houghton Mifflin, 1912) enthält eine klassische Beschreibung, die lesenswert ist. Archibald Gracies „The Truth About the Titanic“ (Mitchell Kennerley, 1913) liefert unschätzbare Angaben darüber, wer sich in welchem Boot befand – Oberst Gracie war ein unermüdlicher Detektiv, Commander Lightollers „Titanic and other Ships“ (Ivor Nicholson & Watson, 1935) spiegelt seine großartige Mischung von Humor und Tapferkeit wider. Shan Bullocks „A *Titanic* Hero: Thomas Andrews, Shipbuilder“ (Norman-Remington, 1913) ist eine großartige und liebevolle Arbeit, in der die Ereignisse in den letzten Stunden dieses wunderbaren Mannes zusammengestellt werden.

Gute Berichte von einigen Überlebenden sind auch von Zeit zu Zeit in Magazinen und Zeitungen erschienen – die Wiederkehr des Untergangsdatums ist offenbar ein Geschenk des Himmels für manche Lokalredaktion. Da sind zum Beispiel Jack Thayers Geschichte im *Evening Bulletin,* Philadelphia, 14. April 1932 . . . Heizer Louis Michelsens Interview in der *Gazette,* Cedar Rapids, 15. Mai 1935 . . . der bezaubernde und lebhafte Bericht von Mrs. René Harris im Magazin *Liberty* vom 13. April 1932.

Die zeitgenössische Presse ist weniger befriedigend. Die New Yorker *Times* leistete natürlich brillante Arbeit, aber die meisten New Yorker Zeitungen waren äußerst unzuverlässig. Bessere Arbeit wurde von Zeitungen in Städten geleistet, in denen Einwohner an dem Unglück beteiligt waren – zum Beispiel die Zeitungen von Milwaukee über die Crosbys und Minahans ... die Zeitungen von San Francisco über die Dodges ... die *Gazette* von Cedar Rapids über die Familie Douglas. Von den ausländischen Zeitungen ist die Londoner *Times* zu nennen, die gründlich, wenn auch langweilig war. Am faszinierendsten waren vielleicht die Zeitungen von Belfast, wo die *Titanic* erbaut wurde, und von Southampton, wo ein großer Teil der Besatzung zu Hause war. Diese beiden Städte waren seefahrende Städte, und die Berichte mußten gut sein.

Die zeitgenössischen populären Magazine – *Harper's Sphere, Illustrated London News* – bringen meist nur aufgewärmte Zeitungsberichte, aber gelegentlich taucht eine Perle auf wie Henry Sleeper Harpers Beschreibung in *Harper's* vom 27. April 1912 oder Mrs. Charlotte Collyers ausgezeichneter Bericht im *Semi-Monthly Magazine* vom 26. Mai 1912. Die technischen Journale der Zeit bieten reiches Material – die 1911 erschienene Sonderausgabe des britischen Magazins *Shipbuilder,* die vollständige Daten über den Bau der *Titanic* enthält, und ähnliches Material in *Engineering* vom 26. Mai 1911 und im *Scientific American* vom 1. Juli 1911.

Die anderen Akteure des Dramas – die Menschen auf dem Rettungsschiff *Carpathia* – waren ebenso großzügig und hilfsbereit wie die auf der *Titanic*. Mr. Robert H. Vaughan leistete unschätzbare Hilfe beim Zusammensetzen der Einzelheiten jener wilden Fahrt durch die Nacht, Mr. R. Purvis war besonders unentbehrlich, als es galt, die Namen der verschiedenen *Carpathia*-Offiziere festzustellen, Mrs. Louis M. Ogden hat einen Schatz von Anekdoten beigesteuert – um so wertvoller, als sie eine der ersten an Deck war. Mrs. Diego Suarez (damals Miß Evelyn Marshall) malte ein lebhaftes Bild von der Szene, als sich die Boote der *Titanic* behutsam längsseits schoben.

Es gibt nicht viel veröffentlichtes Material über die *Carpathia,* aber Captain Sir Arthur H. Rostrons Buch „Home from the Sea" (Macmillan, 1931) enthält einen ausgezeichneten Bericht. Seine Aussagen während der amerikanischen und britischen Untersuchungen sind ebenfalls wertvoll, und das gleiche gilt für Funker Harold Thomas Cottam.

Außer den Menschen auf der *Titanic* und der *Carpathia* haben gewisse andere wertvolle Hilfe bei der Vorbereitung dieses Buches geleistet. Captain Charles Victor Groves hat mich wesentlich unterstützt, als es galt, die Geschichte der *Californian* zusammenzusetzen, auf der er als Dritter Offizier diente. Charles Dienz, der damals *maître* des Ritz Carlton auf der *America* war, hat wertvollen Aufschluß darüber gegeben, wie auf diesen Ozeandampfern die *à la carte*-Restaurants arbeiteten – Daten, die besonders wertvoll waren, da nur ein Mitglied des Restaurantpersonals der *Titanic* gerettet wurde. Harland & Wolff stellten wunderbare

Aufnahmen von der Innenausstattung des Schiffes zur Verfügung, Lloyd die letzte Speisekarte der *Titanic* und die Marconi-Gesellschaft äußerst interessante Informationen über die Funkeinrichtungen der damaligen Zeit. Helen Hernandez von Twentieth Century-Fox war eine Goldgrube für wertvolle Anhaltspunkte und Hinweise.

Schließlich und endlich verdienen Menschen, die mir persönlich nahestehen, ein besonderes Wort des Dankes. Mr. Ralph Whitney hat viele wertvolle Quellen vorgeschlagen, Mr. Harold Daw hat wichtige Forschungsarbeit beigetragen, Miß Virginia Martin hat Stapel dicht bekritzelter Foliobogen entziffert und ihren Inhalt säuberlich mit der Maschine niedergeschrieben.

Walter Lord